AF401741

L'ÉGLISE

ET

LA CROISADE CONTRE LES ALBIGEOIS

PAR

L'Abbé C. DOUAIS

Des Facultés libres de Toulouse

———

(Extrait de la *Controverse*, 16 avril, 1er mai 1882)

———

LYON

IMPRIMERIE A. WALTENER ET Cie

14, RUE BELLE-CORDIÈRE, 14

—

1882

L'ÉGLISE

ET LA CROISADE CONTRE LES ALBIGEOIS

La *Croisade contre les Albigeois*, jugée avec indépendance et avec justice, à la fin du xviiᵉ siècle (1) et dans la première moitié du xviiiᵉ (2), n'a pas trouvé grâce auprès du rationalisme historique du nôtre. Pour lui, c'est une guerre « où l'on voit un pape, l'habile et superbe Innocent III, celui de tous les souverains pontifes qui porta le plus loin les conséquences funestes du système d'omnipotence universelle, dont l'orgueilleux Hildebrand avait jeté les fondements; où l'on voit, dis-je, Innocent III ordonner sans pitié, sans remords, la ruine et le supplice des infortunés Albigeois, qui n'étaient guère coupables, à dire le vrai, d'autre crime que de s'être révoltés contre l'insolence, l'avarice et les déportements d'un clergé sans pudeur et sans frein, et qui ne voulaient que se soustraire à cette domination aussi insupportable qu'humiliante » (3). Les mesures dont le Comte de Toulouse, Raymond VI, fut l'objet après l'assassinat du B. Pierre de Castelnau, on les appelle de « longues et odieuses persécutions » (4), suscitées par un légat qui

(1) Benoist, *Histoire des Albigeois*, 1691.
(2) *Histoire génér. de Languedoc.* Liv. xvi, xxii, xxiii, xxiv.
(3) Parctelaine, *Histoire de la guerre contre les Albigeois*, Paris, 1833. page 2.
(4) Parctelaine. *Histoire de la guerre contre les Albigeois.* p. 46.

« avait une haine profonde » (1) pour lui et qui n'usa envers lui que « d'astuce, de perfidie et d'audace » (2). Innocent III frappa quelques évêques du Comté de Toulouse, pour l'unique motif « qu'ils étaient favorables au Comte » (3). A leur place il se hâta d'en nommer d'autres « qui fussent aveuglément dévoués à Simon de Montfort et à l'Eglise » (4). Les occasions de s'expliquer devant l'Europe et devant l'Eglise ne lui manquèrent pas ; il dut sans doute, après les protestations de Raymond VI, montrer pour lui quelque bienveillance ; mais « on a de la peine à se persuader qu'il fut de bonne foi dans cette affaire »(5), cond.. ite depuis le commencement par « cet esprit d'astuce et de ruse qui lui avait dicté cette lettre restée tristement célèbre où il ordonnait *d'éluder le Comte de Toulouse par l'art d'une prudente dissimulation* » (6). Quelques-uns, comme M. Guibal, ne peuvent cependant s'empêcher de rendre hommage à la droiture du Pontife. Mais même alors « sa droiture et son équité se déploient sur un fond de passion et de fanatisme » (7). Finalement, on s'écrie : « L'Eglise voulut traiter son adversaire comme un adversaire vaincu et désarmé; elle lui offrit les conditions les plus dures et le renvoya ensuite aux pieds du roi de France, comme les Chevaliers de la Table Ronde imposaient aux ennemis, dont ils avaient triomphé, l'obligation de se rendre à la cour du roi Arthus et de se soumettre à ses arrêts souverains » (8).

Après la personne d'Innocent III, après les instructions pontificales et la politique des légats, c'est le clergé des terres envahies qui a subi l'assaut. A Toulouse, « le clergé est l'instigateur de la lutte civile qui déchire la cité des Raymonds, partagée entre la confrérie blanche et la confrérie noire. » (9). Il poursuit l'abaissement et la fin de la maison de Saint-

(1) Parctelaine. Ibid. p. 58. — (2) Parctelaine. Ibid. p. 123.

(3) Parctelaine. Ibid. p. 122. —(4) Parctelaine, Ibid. p. 122. —(5) Parctelaine, Ibid. p. 165.

(6) Guibal, *Le poème de la Croisade contre les Albigeois. Etude historique et littéraire* — Thèse pour le doctorat ès-lettres, Paris, 1863. pag. 232. cf. Schmidt, *Histoire des Cathares*, T. Iᵉʳ, p. 223

(7 Guibal, op. cit. p. 237. — (8) Guibal, ibid., pp. 268-269.

(9) Guibal, op. cit. p. 283.

Gilles, dont il est pourtant l'obligé. « Une fois que l'hérésie fut comprimée et le Comte abattu, Innocent ne conserva aucune haine contre Raymond, bien différent en cela de ses légats et du clergé de Provence et de Languedoc, qui, s'étant enrichis des dépouilles de ce seigneur, et rendus indépendants dans leurs diocèses en usurpant ses droits seigneuriaux, ne virent jamais qu'avec fureur et avec effroi le Comte de Toulouse essayer de ressaisir son indépendance et ses domaines. Aussi, leurs persécutions contre lui furent-elles implacables : malgré la justice de sa cause, malgré ses droits, ils poursuivirent, avec un acharnement sans exemple, l'infortuné Raymond, et même son fils, quoiqu'innocent et bon catholique, et ne lâchèrent leurs proies qu'après les avoir mises hors d'état de leur nuire à l'avenir. » (1)

Parmi les évêques du Comté, Foulques de Toulouse, a soulevé plus particulièrement « l'indignation » (2) de bon nombre d'historiens. M. Schmidt l'accuse d'avoir toujours été un homme de passions violentes ; M. H. Martin l'appelle un « évêque frénétique » (3). Sismondi le représente faisant cette révoltante déclaration « que sa conscience ne trouverait point de repos jusqu'à ce que, dans le seul diocèse confié à ses soins, il eût conduit sur les bûchers plusieurs milliers de victimes qu'il pouvait désigner au bourreau » (4). Et Michelet stigmatise cet « irascible et turbulent vieillard » (5) aussi furieux dans le fanatisme et la vengeance qu'il l'avait été autrefois dans le plaisir. » (6).

Tel est le langage le plus ordinaire des écrivains hostiles à l'Eglise. Est-il celui de l'impartiale histoire ? Pour répondre, nous allons essayer de rétablir les événements dans leur véritable jour, en étudiant le rôle de l'Eglise dans la Croisade pendant le Pontificat d'Innocent III. Nous nous arrêterons spécialement à trois points, à propos desquels

(1) Parctelaine, *Hist. de la guer. cont. les Albig.* p. 167.
(2) Parctelaine, Ibid. pag. 407.
(3) *Hist. de France.* Liv. xxiii.
(4) *Hist. des Français.* Liv. xxv.
(5) Peyrat. *Hist. des Albigeois.* Liv. I., p. 100.
(6) *Hist. de France.* Liv. iv, Chap. vi.

les ennemis de l'Eglise ont violemment attaqué sa conduite : le caractère de la guerre, prêchée par Innocent III ; le but poursuivi par la diplomatie pontificale ; enfin la conduite des évêques et des catholiques du Midi. Cette courte étude n'embrassera que la première période de la Croisade : elle commencera à l'assassinat du B. Pierre de Castelnau (8 janvier 1208), et finira à la mort d'Innocent III (16 juillet 1216).

I

CARACTÈRE DE LA GUERRE CONTRE LES ALBIGEOIS
DE 1209 A 1216.

Bon nombre d'historiens et des plus goûtés, les uns pour accuser l'Eglise d'immixtion dans les affaires de la société civile, les autres pour décliner la responsabilité de l'Eglise dans cette guerre, n'ont vu qu'un antagonisme de races sous la querelle religieuse, et sous le motif de religion qu'un motif de conquête ; et aujourd'hui encore, M. Mistral inspire sa muse provençale, en évoquant l'âme de la patrie méridionale, qui « enflamma de partout, contre les noirs chevaucheurs, les hommes de Marseille et les fils d'Avignon » (1).

Mais je crains qu'historiens et poètes ne soient victimes d'une équivoque et ne confondent les temps où Raymond-Roger succombait à Carcassonne avec ceux qui virent le roi de France sous les murs d'Avignon. Si je mets de côté, pour le moment, la seconde partie de la *Chanson*, et on m'en accordera le droit, car le poète anonyme y chanta les événements postérieurs à la mort d'Innocent III (2), si je mets de côté, dis-je, ce document, je puis assurer que toute la littérature du temps, histoire, diplômes, formules de serment, lettres, s'accorde à voir dans la lutte une croisade, et nullement un antagonisme de races.

(1) *Calendau*, p. 8. cf. note 2. p. 45.
(2) Le récit anonyme commence au moment où le roi d'Aragon entre dans la lutte. — Tirade. cxxxii. Cependant on peut le négliger, car il ne consacre que 68 vers à raconter les événements compris entre la bataille de Muret (13 septembre 1213) et le concile de Latran (novembre 1215).

Le principe qui domine dans toute la correspondance d'Innocent III est donné par son affirmation solennelle, alors que les hostilités sont ouvertes, « qu'il ne convient pas à l'Eglise de s'enrichir des dépouilles d'autrui » (1). Il lui convient seulement de venger l'injure reçue, par les moyens que les circonstances rendent pratiques, quand l'injure porte quelque dommage à la foi, à la conscience, à l'honneur de Dieu (2). Aussi, dès l'origine de la querelle et plus tard, ce grand pontife réserve, par une mention spéciale, les droits de chacun des trois suzerains de Toulouse, le roi de France, l'empereur, le roi d'Aragon. Il ne poursuit pas une conquête : il ne veut pas, qu'à son insu, on poursuive une conquête. Il lui arrive même de réserver les droits de Raymond VI, alors que celui-ci est accablé sous le poids de ses défaites (3); et il ordonne à Simon de Montfort, au vainqueur, de restituer aux vassaux du roi d'Aragon, le comte de Foix, le comte de Conserans et Gaston de Béarn, les biens dont il les a frustrés. (4) L'assassinat du légat, Pierre de Castelnau, c'est, à ses yeux, l'Eglise toute entière menacée dans son existence (5), et il écrit à Philippe-Auguste : « Prenez le glaive que vous avez reçu de Dieu pour la vindicte des malfaiteurs et pour l'honneur des bons ; joignez votre glaive au nôtre, afin que, ensemble, nous punissions ces méchants..... Si vous ne veniez à son secours dans cette tempête nouvelle, le vaisseau de l'Eglise ferait un complet naufrage » (6).

La défense de l'Eglise, voilà bien la principale, on peut dire, l'unique pensée d'Innocent III. C'est cette défense qu'il organise, soit qu'il s'adresse à Philippe-Auguste, aux barons du Nord, ou à l'empereur Othon ; soit qu'il donne des instructions aux légats ; soit qu'il exhorte les évêques.

---

(1) « Quia tamen non decet ecclesiam cum aliena Jactura ditari. » 25 janvier, 1210. *Reg.* lib. xii, Ep. CLII.
(2) Innoc. III. *Reg.* lib. xi, Ep. XXVI.
(3) Innoc. III. *Reg.* lib. xv, Ep. CCXII. XV Kal. Febr. 1212.
(4) Innoc. III. *Reg.* lib. xv, Ep. CCXIII.
(5) Innoc. III. *Reg.* lib. xi, Ep. CCVI.
(6) Innoc. III. *Reg.* Lib. XI, Ep. XXVIII, cf. Ep. XXIX, XXXII, XXXIII.

Ce ton général, on le trouve partout également dans les 5o lettres relatives à l'affaire de Raymond VI, écrites dans le court espace de sept ans. (1) Il prend un relief particulier, quand Innocent III s'adresse aux suzerains de la vicomté de Carcassonne et du comté de Toulouse, Pierre II, Othon et Philippe-Auguste. Je n'en veux qu'un exemple. Les hostilités étaient ouvertes : Simon de Montfort avait reçu, à titre de simple provision, la garde de la terre soumise ; mais il manquait de secours. Innocent III sollicita donc pour lui les secours nécessaires. A Othon, il parla de son zèle pour la foi orthodoxe (2); et auprès de Pierre II, il fit valoir cette considération que le roi pouvait d'autant plus réduire les ennemis intérieurs, qu'il avait déjà vaillamment combattu ceux du dehors. (3)

Je parle de secours sollicités par Innocent III. Ceux qu'il demandait aux Couronnes consistaient en hommes. Mais l'argent aussi était nécessaire. A qui s'adresser ? On sait combien les Papes ont toujours été jaloux de défendre l'immunité du temporel des Églises. Bien des dissentiments ont surgi de leur refus de le livrer même en partie. Or, à la date du 28 août 1209, alors que Carcassonne avait succombé, Innocent III, dans une lettre destinée à tout l'épiscopat, formulait ce double principe, que ceux qui travaillent *à l'utilité commune* ne sont pas tenus de se battre à leurs propres frais ; que dès lors, les biens des églises devaient être consacrés au rachat des captifs pressurés par l'hérésie. Il leur demandait donc de mettre ces biens à la disposition des légats dans les contrées toulousaines, l'évêque de Riez, l'abbé Arnaud et maître Milon (4). Il allait plus loin encore : s'adressant aux fidèles, il les exhortait à s'intéresser vivement à ceux qui avaient pris en main la cause de tous (5).

Un intérêt d'ordre général, d'ordre européen, d'ordre catholique, et non une animosité de races ou de seigneurs:

---

(1) Une moyenne de 7 lettres par an.
(2) Innoc. III. *Reg.* lib. xii, Ep. cxxiv.
(3) Innoc. III. *Reg.* lib. xii. Ep. cxxv.
(4) Innoc. III. *Reg.* Lib. xii. Ep. lxxxvi. Ep. lxxxvii.
(5) Innoc. III. *Reg.* Lib. xii. Ep. lxxxviii.

voilà le vrai motif de la lutte. Cette conclusion ressort avec une nouvelle évidence des premières lettres d'Innocent III à Simon de Montfort. Il le loue d'avoir accepté la garde des terres envahies, et il approuve la conduite des barons qui l'ont choisi; mais pourquoi ? uniquement parce qu'il a pris les armes contre les ennemis de la foi et qu'il défend l'Église (1). Il tient le même langage à ces quelques héros, dont Simon de Montfort s'est entouré et qui lui donnent si souvent la victoire (2) : et quand il fait à l'archevêque d'Arles l'éloge du chef des Croisés, il n'a d'autre considération que celle-ci, qu'il travaille avec zèle à l'affaire de la paix et de la foi (3). Justement, parce qu'il maintient à la lutte le caractère que sa lettre d'indiction de la croisade lui avait donné, il peut toujours faire entendre au vainqueur les conseils de la prudence, de la modération et du désintéressement.

Ses intentions, il ne veut pas que personne les méconnaisse ou s'y trompe, ni les rois, ni les barons, ni les évêques, ni les hérétiques eux-mêmes, ceux-ci surtout. La lutte amena ses conséquences nécessaires, car toute victoire a son lendemain et toute faute son expiation. La première de ces conséquences fut la confiscation des biens des hérétiques compromis. La question était délicate. Innocent III déclara que, de tout son cœur, il eût désiré pour les hérétiques le retour à la foi et la tranquille possession de leurs biens; l'hérésie seule, les plaçant sous le coup des lois civiles et canoniques, les en avait dépouillés. Mais l'Eglise, ne devant pas s'enrichir à l'occasion des peines portées pour la correction, les évêques étaient tenus de remettre ces biens aux mains de Simon de Montfort, qui avait l'obligation de soutenir l'effort d'une lutte à laquelle toute l'Église était intéressée (4).

Aussi bien, les contemporains et les combattants, soit les barons, soit les hérétiques, ne se méprirent pas sur les intentions pontificales. Les légats, Arnaud, Milon, Thédise, Pierre, travaillèrent à une seule chose : les faire com-

---

(1) Innoc. III. *Reg.* Lib. xii. Ep. cxxii Ep. cxxiii.
(2) Innoc. III. *Reg.* Lib. xii. Ep. cxxix.
(3) Innoc. III. *Reg.* Lib. xii, Ep. cxxxvi.
(4) Innoc. III. PP. *Reg.* Lib. xii. Ep. lxxxvi.

prendre et les faire prévaloir. Michelet, à qui la passion anti-religieuse a fait commettre tant d'erreurs en histoire, et d'ailleurs peu enclin à l'analyse patiente des textes, a prétendu dans une page brillante que la cause de la guerre ne fut autre que les alliances de Raymond VI avec les ennemis d'Innocent III (1). Ces ennemis, d'après lui, c'étaient les barons de Provence, dont les terres confinaient le comté de Toulouse. Il représente Raymond VI victorieux sur les barons provençaux au moment où le pape lui annonce la perte de ses états ; et l'indignation que cet acte d'hostilité produit amène le meurtre de Pierre de Castelnau. Mais vainement ai-je cherché le fondement de cette assertion. J'ai seulement trouvé un long rapport du légat Milon à Innocent III, relatif aux barons dont les terres s'étendaient sur la rive gauche du Rhône et qui avaient été souvent en guerre avec la maison de Saint-Gilles (2). Que contient ce rapport ? Rien qui appuie l'opinion de Michelet, rien qui ne soit à l'honneur de Milon et qui ne confirme ce que nous savons de la pensée pontificale.

Le Comte de Folcarquier et les barons de Provence étaient en guerre : Milon rétablit la paix. A Arles, Willelm Porcellet, le frère du meurtrier de P. de Castelnau, s'était fortifié dans une des îles du Rhône, arrêtait la navigation sur le fleuve et pillait à outrance : Milon le réduisit à merci. Roncelin faisait du scandale à Marseille : Milon l'obligea à fuir. Le comte de Folcarquier, les villes d'Avignon, de Saint-Gilles et de Nîmes, jurèrent la paix. Ainsi le calme fut rendu à la Provence pour le bien de la foi (3). De même les consuls de ces villes, ceux d'Arles, de Tarascon et de Montpellier, Amalric de Narbonne et les habitants de cette ville furent exhortés à se grouper autour du légat dans le seul intérêt de la religion et pour la seule perte des hérétiques (4).

La même préoccupation, à l'exclusion de toute autre.

(1) *Hist. de France*, T. II, p. 299, Paris, Lacroix, 1876.
(2) Innoc. III. *P. Reg.* Lib. xii. Ep. cvi.
(3) Innoc. III. *Reg. Lib.* xii, Ep. cvi.
(4) Innoc. III. *Reg.* Lib. xii, Ep. cxxxvii. Ep. cxxxvi.

apparaît manifestement, dans cet autre rapport où l'évêque de Riez et Milon exposent à Innocent III les raisons pour lesquelles ils ont soumis le comte de Toulouse à l'anathème et ses terres à l'interdit. Raymond VI s'est établi l'injuste détenteur des droits de plusieurs évêques ; il a usurpé sur les monastères ; il ne protège pas les catholiques contre les vexations des hérétiques : je dis les catholiques, pour parler un langage dès lors consacré (1). Mais principalement, Raymond VI favorise manifestement les hérétiques et entrave de la sorte l'œuvre de la religion (2).

Racontant l'affreux sac de Béziers et la prise de Carcassonne, les légats ne voient dans les ennemis dispersés que « les ennemis de Dieu et de la foi, » et nullement les ennemis de la race du Nord (3) ou de quelqu'un des seigneurs du Nord.

En parlant de la sorte ils croient évidemment rester dans le vrai sens des instructions pontificales. La lutte est toute de religion, quand elle commence ; elle est encore une lutte de religion en 1214, après la bataille de Muret, quand le Cardinal Pierre est muni des pouvoirs de légat *à latere*. Le Pape informe les évêques que la mission du légat n'a qu'un seul but : consolider l'œuvre de la paix par le maintien de la foi orthodoxe. (4).

Que si on éludait la déposition des légats comme entachée d'intérêt personnel ou comme manquant de liberté, je pourrais répondre d'abord que, leur intérêt les obligeant à se mettre en harmonie avec les volontés d'Innocent III, leurs lettres nous donnent la mesure exacte et le sens précis des instructions qu'ils avaient reçues. J'objecterais ensuite leur situation même. L'armée qui descendit de Lyon vers les derniers jours de juin 1209 était commandée par le légat Arnaud. Et celui-ci, même après l'élection de Simon de Montfort, jouit dans l'« ost » d'une autorité prépondérante (5). Au siège de Minerve, c'est lui, « totius negotii

<hr>

(1) Guil. de Podiol. *Hist. Prolog.*
(2) Innoc. III. *Regest.* Lib. xii, Ep. cvii.
(3) Innoc. III. *Reg.* Lib. xii Ep. cviii.
(4) Innoc. III. *Reg.* Lib. xvi, Ep., clxvii.
(5) La *Chanson*, V. 656.

Christi magister », qui traita de la reddition de la place (1). J'opposerais une imposante série de témoignages qui doivent faire autorité pour tous : celui de Simon de Montfort, celui des Croisés, celui de Pierre II, enfin celui des barons provençaux et de Raymond VI lui-même.

Pour Simon de Montfort, je ne mentionnerai qu'une seule de ses lettres, la première qu'il adressa au Pape après l'élection qui, sous les murs de Carcassonne, le 17 août 1209, l'établit lieutenant de la vicomté. Elle contient toute la pensée du vainqueur : à cette date, il est particulièrement intéressant de l'entendre nous dire lui-même quel rôle lui fut confié. Il se considère comme l'élu de Dieu, mais pour détruire la peste hérétique et travailler à l'affermissement, au libre développement de la foi catholique (2). Il est vrai qu'il ne garda pas jusqu'à la fin la rectitude et le désintéressement que ce noble but lui imposait : après le Concile de Latran, une fois constitué maître à Toulouse, il méconnut quelque peu l'intérêt de l'Eglise et, par une substitution coupable, il rechercha la vaine satisfaction d'une domination toujours grandissante; on sait avec quelle énergie l'archevêque de Narbonne essaya, mais vainement, de l'arrêter. Mais enfin, ce n'est pas au moment où nous cherchons à dégager des faits le caractère historique de la guerre, qu'il convient d'oublier le cri de son âme après l'élection. « Sur le refus des plus grand seigneurs de l'armée, raconte G. de Puylaurens, un homme se rencontra, brave et dévoué à Dieu, le comte Simon de Montfort, qui, cédant aux instantes prières des prélats et des barons, accepta enfin ce qu'il avait d'abord refusé avec les autres, en s'écriant : « *Faute d'un champion, la cause de Dieu ne chôme pas* » (3).

Il est si bien l'homme-lige du pape, que le onze septembre 1213, avant-veille de la bataille de Muret, où, semble-t-il, il doit succomber, il fait son testament, le remet à l'abbé de Bolbone avec ordre de l'envoyer à Innocent III lui-même (4).

(1) Pet. Vall. Cern. Cap. xxvvii. — (2) Innoc. III. PP. *Reg.* Lib. xii. Ep. cix.
(3) *Hist.* xiv. Rapprocher de cette anecdote, celle rapportée par l'abbé de Pamiers. G. de Pod. Cap. xxi. — (4) Pet. Vall. Cern. Cap. lxxi.

Du reste, les Croisés, au nombre de 50,000, qui formèrent les brillants contingents de la première croisade et le corps expéditionnaire le plus nombreux de ces vingt ans de guerre, ne descendirent du Nord que pour gagner l'indulgence. En ce temps de foi vive, on accordait beaucoup de prix aux indulgences. Mais la Terre-Sainte était bien loin : la voie de terre comme la voie de mer présentait des périls qui parfois effrayaient même le plus fier chevalier. L'entrain fut grand, quand on apprit dans le Nord qu'une terre voisine offrait un champ de bataille, où les indulgences pouvaient se gagner, et que le souverain Pontife limitait à 40 jours le temps du pardon : on prit donc la Croix pour la guerre contre les hérétiques du Midi, comme on prenait la Croix pour la délivrance de la Terre-Sainte. L'antagonisme de race ou l'espoir du gain purent bien, dans une mesure qu'il est d'ailleurs impossible de préciser, motiver la résolution de quelques-uns : aucun document ne justifie toutefois une pareille affirmation. En tout cas, ces motifs furent secondaires ; ils furent personnels à un petit nombre de barons ; ils ne se produisirent que plus tard. Les plus puissants parmi les Croisés, ceux-là seuls qui pouvaient raisonnablement rêver une conquête, comme, par exemple, le duc de Bourgogne, déclinèrent la lieutenance de la vicomté de Carcassonne ; tous, en masse, le 18 août 1209, ils rentrèrent dans leurs foyers, après la capitulation de la ville. Ils étaient 50,000 : « il en resta je ne sais si ce fut neuf ou dix » (1).

Il n'en va pas ainsi d'ordinaire dans les guerres de race, entreprises en vue d'une conquête : on reste, on occupe, on possède. Simon de Montfort, il est vrai, resta ; mais il occupa la terre au nom de l'Eglise. Ce qui le prouve, ce sont les premiers statuts de Montfort (2). Jusqu'au concile de Latran, il fut reconnu sans doute comme le lieutenant de la vicomté. Mais ce n'est pas à sa voix que les barons du Nord croyaient répondre quand ils entreprenaient les expéditions

(1) *La Chanson*, V. 829.
(2) Molinier, *Actes*, N°ˢ 31, 32, 38, 34, 39.

qui se succédèrent; ils répondaient à l'invitation du Pape; ils
se croisaient. Les 40 jours de l'indulgence passés, ils re-
prenaient le chemin du Nord avec une sorte d'obstination
qui le désolait (1); car il avait besoin de recruter et de gar-
der auprès de lui des Chevaliers à toute épreuve, comme le
furent Gui de Lévis, Florent de Ville et quelques autres.

Au reste une lutte de race se personnifie d'ordinaire dans
un homme. Tout à coup un génie militaire surgit : il se fait
l'âme de tout un peuple et le héros du mouvement, dont la
violence précipite les nations les unes sur les autres. Or, rien
de tel dans la croisade contre les Albigeois. Les expéditions se
comptèrent par dizaines, de 1209 à 1216; mais elles ne furent
pas commandées deux fois par le même chef. Elles partirent
même de points différents, Paris (2), Chartres, Bayeux, Nevers, Auxerre, Genève, Poitiers, Bar-le-Duc, Chalon-sur-
Saône (3). On vit des Croisés de la Saintonge, du Poitou, de
la Gascogne, du Rouergue, de la Provence, et des Alpes. (4)
La Bretagne, le Hainaut et même l'Allemagne, comme en
1212, et l'Espagne, dans la personne du Chevalier Martin
d'Olit, (5), fournirent des contingents.

A tout bien considérer, le roi de France seul pouvait raisonnablement prendre la tête des colonnes du Nord, si le
Nord eut rêvé de conquérir alors les riches terres toulousaines.
Or, nous connaissons sa réponse à la lettre personnelle d'Innocent III, qui lui demandait de faire l'œuvre de l'Eglise :
il prétexta qu'il avait deux lions à ses flancs, le roi d'Angleterre et l'Empereur; il ne se croisa pas. Mais quand on
s'appelle Philippe-Auguste, quand on a de l'ambition, quand
on est à cinq ans de la bataille de Bouvines, on peut, sans

---

(1) Innoc. III. PP. Lib. xii, Ep. cix.
(2) L'Ile de France composait seule le royaume de France.
(3) La *Chanson*, v. 275 et suiv., v. p. 1741, 1789.
(4) La *Chanson*, v. p. 284 et suiv.
(5) La *Chanson*, v. 2302. *Alber. Trium Fontium* ad an. 1212 — Pertz. *Scrip-
tores*, T. XXIII, 896. Guill. de Tudèle, seul à la vérité, dit même qu'une armée
de Croisés se forma dans le Limousin, l'Auvergne, le Quercy. v. 300 et suiv..
Elle aurait ravagé l'Agénais. Ce renseignement peut être authentique, car
G. de Tudèle, résidant à Montauban, pouvait être bien renseigné. — *Meyer*,
Chanson de la Crois. Int.

trop de danger ni de dérangement, aller guerroyer dans une
vicomté comme celle de Carcassonne, si l'on en brigue la
conquête. En tout cas, Philippe-Auguste, convaincu des intentions intéressées des barons ou de la Cour pontificale voi-
lées sous la querelle religieuse, n'eût pas permis aux Chevaliers de se croiser.

C'est vraiment le sentiment de la Religion menacée qui
domina dans l'agitation du Nord : tout le monde crut
qu'aucun autre intérêt qu'un intérêt spirituel n'était l'enjeu
de la lutte.

Je dis tout le monde, même ceux qui virent dans cette
guerre une occasion toute naturelle et très bonne d'un
agrandissement territorial déjà désiré. De ceux-là fut
Pierre II, roi d'Aragon, un chevalier qui n'appartenait
pas au Nord. La défaite qui fut sa fin l'arrêta à Muret; il
tomba victime de sa témérité et de fautes stratégiques, qui
seraient inexplicables, si nous ne savions que, le matin du 13
septembre 1213, il se croyait, en dépit de Raymond VI,
maître de Toulouse. Appelé au gouvernement de la ville
par les capitouls, il estima les précautions inutiles envers un ennemi quarante fois plus faible que lui. Mais
il n'intervenai pas alors dans la lutte pour la première
fois : il l'avait toujours fait *au nom* de la Religion. Sollicité
par Raymond-Roger de lui venir en aide, il avait paru à
Carcassonne pendant le siège, mais pour tenter un accord.
« Vicomte, avait-il dit à Raymond-Roger, il me pèse gran-
dement que vous soyez en tel tourment et en tel péril pour une
folle gent et pour leur folle croyance » (1). Il lui avait refusé
l'alliance, et il en donna lui-même la raison à Innocent III :
il aima mieux faire défaut à quelques catholiques, impru-
demment jetés dans la lutte, que de paraître se mêler aux
gens de l'héresie (2). Trois ans plus tard, alors que la cause

___

(1) *La Chanson*, v. 630-632. Les tentatives de réconciliation de Pierre II
ne réussirent pas : mais il ne s'en suit point, comme le veut M. Meyer (La
Chans. Introd. 41) que la Croisade avait « fatalement, dès ses débuts, pour
objet la conquête et le pillage. »

(2) Innoc. III. PP. Lib. xv, Ep. ccxii.

de Raymond VI sembla désespérée (1), il écrivit directement à Innocent III, pour l'intéresser, non à Raymond VI, mais à la maison de Saint-Gilles. Que demandait-il ? Une seule chose : il priait le Pape de réserver, en principe, les droits futurs du fils de Raymond VI. Pour quel motif ? Parce que le fils du Comte n'était point tombé dans l'hérésie et que sa fermeté présente dans la foi permettait d'affirmer que, toujours, il resterait fidèle à l'Eglise (2).

La lutte ne quittait donc pas le terrain de la Religion; le Pape fut mis dans la cruelle nécessité de le rappeler, quelques mois plus tard, au roi d'Aragon. C'était au moment où celui-ci, le front rayonnant encore de la gloire que lui avait valu la victoire de Las Navas de Tolosa sur les Maures, s'était placé à la tête de la Confédération Vasco-Aragonnaise; il se préparait à marcher contre Simon de Montfort et à se faire payer chèrement par Raymond VI le service rendu (3). Le Pape tenta donc de l'arrêter dans sa marche équivoque. Sa lettre se résume dans cette phrase dont la concision et la clarté sont intraduisibles dans notre belle langue, pourtant si concise et si claire : « Volentes honori tuo quantum ad famam, saluti quantum ad animam, et indemnitati quantun ad terram paterna sollicitudine præcavere » (4). Son honneur, car jusqu'ici il n'a combattu que les infidèles ; son salut, car il va combattre contre l'Eglise ; l'intégrité de ses terres, car il s'expose à encourir l'anathème : voilà, au sentiment du Pape, les grands intérêts personnels que le roi s'expose à compromettre. Qu'est-ce à dire, sinon que d'autres inté-

---

(1) Il tenta encore une réconciliation à l'assemblée de Narbonne, où on ne fit point de besogne « pour la valeur d'une rose sauvage », et peut-être au Concile d'Arles. (La *Chanson*, tirade LIX). Mais il ne renonça pas à sa domination sur Toulouse. C'est ainsi qu'obligé de partir contre les Maures, en 1211, il laissa à Toulouse son lieutenant, le chevalier de Scala. G. de Pod. Cap. xx.

(2) « Humiliter supplicabat Tolosanum comitatum filio memorati comitis reservari, qui nec unquam venit, nec veniet, Deo dante, in hœreticæ pestis errorem. » Innoc. III. PP. Lib. xv. Ep. ccxii.

(3) Il avait donné la main d'une de ses deux sœurs à Raymond VI et d'une autre à Raymond VII; il couvrit son attaque sous le prétexte que les Croissé ravageaient les terres de son beau-frère. *La Chanson*, Tirade cxxx.

(4) Innoc. III. PP. *Reg*. Lib. xvi, Ep. xLviii.

rêts, plus grands encore, ceux de l'Eglise et de la société chrétienne, sont engagés dans la lutte ?

Cette conclusion, elle ressort de tous les documents contemporains, et enfin, ai-je ajouté, des actes mêmes émanés des barons provençaux et de Raymond VI.

C'est qu'en effet les Comtes, les Consuls des villes, les évêques eux-mêmes, seigneurs de plusieurs terres de leurs évêchés, furent invités à traiter de la paix avec les légats et à conclure des accords réciproques. L'usage voulait qu'ils prissent leurs engagements par serment : le légat convenait avec eux du *mandatum*, du *juramentum* vel *forma pacis;* les barons s'engageaient à l'observer. Vingt-cinq actes de cette nature sont parvenus jusqu'à nous : ils regardent des barons, non seulement en grand nombre, mais encore répandus dans l'étendue du pays compris entre le Rhône et l'Ariége. Or, un seul motif inspire ces transactions: l'abaissement de l'hérésie. Notons qu'elles sont des années 1209, 1210, et 1212, c'est-à-dire des années où la guerre fut le plus vivement menée.

Ce n'est pas tout: parmi les barons, le plus intéressé à ne pas se méprendre sur le caractère de l'expédition, c'était assurément le Comte de Toulouse. Il fut si persuadé dès le commencement que la religion était seule en jeu, qu'il supplia lui-même son neveu Raymond-Roger, à Aubenas, de se soumettre au légat; il alla même au devant des Croisés jusqu'à Valence (1).

Après la prise de Carcassonne, il fut loin de voir dans les barons du Nord des ennemis personnels. Les rapports mutuels furent empreints de la plus sincère courtoisie; les Croisés demandèrent à voir son fils: Raymond VI se prêta de bonne grâce à leurs désirs. C'est Raymond de Ricaud, haut personnage de la cour du Comte (2), qui l'amena. Les barons lui firent l'accueil le plus affectueux (3). Et quand, peu de temps après, Raymond entreprit le voyage de France

(1) La *Chanson,* v. 270 et P. Val. Cer. cap. xiv. — G. de Podiol. cap. xiii
(2) Meyer, p. 47, note 1.
(3) La *Chanson.* V. 875-883.

avant celui de Rome, il fut reçu par le duc de Bourgogne et par le duc de Nevers avec une magnificence royale. (1)

Il est difficile de voir en eux les ennemis de son autorité et les instruments de l'ambition d'Innocent III. L'ambition d'Innocent III fut grande, en effet; mais elle poursuivit un seul but, la grandeur de la religion. Raymond, à six reprises différentes, dut prendre des engagements que, du reste, il ne tint pas, quelques-uns du moins. Le principal de ces engagements fut de chasser les hérétiques de ses terres ou, à son défaut, de permettre à l'ost d'accomplir cette œuvre de salut public. A ce compte, Milon lui promit la paix et la libre possession de ses terres ; et quand les légats et les évêques durent, en 1212, le frapper d'excommunication, le grand grief fut précisément d'avoir oublié cette promesse (2). Le 2 avril 1215, Innocent III, reconnaissant les services rendus à l'Église par Simon de Montfort et ses efforts pour faire triompher la cause de Dieu, lui donna la jouissance provisoire du Comté de Toulouse jusqu'au Concile (2). Enfin, le Concile de Latran dépouilla le Comte de Toulouse devant cette unique considération, que si les terres occupées lui étaient restituées, les résultats acquis seraient rendus inutiles et la difficulté extrême pour avoir raison de l'hérésie (3).

Avons-nous besoin d'ajouter de nouveaux témoignages à ces témoignages si précis? Guillaume de Puylaurens, qui avait vu de très près les hommes et les faits de la Croisade, traduisait ainsi la pensée commune au XIII° siècle. « Parmi les faits mémorables, dit-il en commençant son *Histoire*, qui se sont accomplis depuis un siècle en Europe, entre la Méditerranée et l'Océan, *l'un des plus dignes du souvenir de la postérité est la guerre entreprise pour soutenir la foi catholique et extirper la malice de l'hérésie dans la province de Narbonne* et dans les diocèses d'Alby, de Rodez, de Cahors, ainsi que dans quelques régions situées au delà du Rhône et placées sous la suzeraineté du comte de Toulouse. »

(1) La *Chanson* V. 983

(2) Héfélé, *Hist. des Conciles,* édit. franç. T. VIII. p. 158.

(3) Innoc. III. PP. *Reges. Processus negot. Raymundi Comitis.* Lib. XII, après la lettre LXXXV, *Forma juramenti Baronum* - Lib. XII, après la lettre CVII.

Il me semble avoir donc le droit de conclure que la
guerre, de 1209 à 1216, fut et resta une Croisade ; non
plus contre le Turc, c'est vrai, mais une Croisade à l'inté-
rieur, ce qui n'était pas absolument nouveau : car la quatrième Croisade, prêchée par Foulques de Neuilly, et commandée par Baudouin IX, comte de Flandre, Willehar-
douin, sénéchal de Champagne, Boniface II, marquis de
Montferrat, et Henri Dandolo, doge de Venise (1202-1204),
s'était bornée à chasser deux usurpateurs du trône de Cons-
tantinople et à fonder, en Orient, un empire latin. C'est
donc bien à tort qu'on la considère comme une entreprise de
l'ambition pontificale, ou comme une guerre de race à laquelle l'Eglise commit la faute de se mêler.

II

BUT POURSUIVI PAR LA DIPLOMATIE PONTIFICALE

En établissant cette conclusion, il me semble avoir du même coup mis en lumière le vrai caractère de la diplomatie d'Innocent III. Elle fut honnête et franche; elle s'inspira d'un motif d'intérêt public.

Les négociations ouvertes par Innocent III ne tendirent qu'à un seul but, la fin de l'hérésie. Pour l'atteindre, le Pontife mit en œuvre toutes les ressources de son puissant esprit, car il lui fallait obtenir trois résultats également importants et difficiles : éloigner tout ombrage de la part des suzerains ; faire réussir la Croisade, et enfin amener Raymond VI et les barons du Midi à prendre eux-mêmes en mains la cause de la religion. C'eût été là le grand succès de la Croisade. En vue du premier résultat, il fit connaître au monde le meurtre de son légat, cause de la guerre ; il engagea les Chevaliers à se croiser, et il réserva tous les droits légitimes. Je ne m'arrête pas à ces considérations, justifiées déjà par l'analyse précédente de la correspondance du Pontife.

J'en viens au succès de la Croisade. Il le poursuivit avec

une admirable persévérance ; il ménagea à Simon de Montfort des secours en hommes et en argent ; il mena la première
attaque avec prudence. Une lettre qu'il écrivit à cette occasion a été cependant l'objet d'accusations amères : elle était
adressée à ses légats, avant l'ouverture des hostilités. A la
date de 1208, il était difficile encore de prévoir quel parti
Raymond VI se résoudrait à suivre, celui de la soumission ou l'hostilité. Quels seraient ses alliés ? Tout permettait de penser que les alliances ne lui feraient pas défaut. Le
Pape demanda donc aux légats de se conduire avec prudence, et pour cela, de ne pas attaquer tous les barons
méridionaux en même temps, surtout de ne pas commencer par Raymond VI. Il voulut, au contraire, que les légats
traitassent avec chaque baron pris isolément : c'était le seul
moyen pratique d'être plus fort contre chacun d'eux. Plus
tard Raymond VI, isolé ou ne pouvant plus compter sur
ses alliés, serait invité à se prononcer, à se justifier et à
agir.

Tel est le vrai sens de ce passage qui contient toute la lettre
incriminée : « Parce que vous avez demandé de quelle manière les Croisés doivent se comporter à l'égard de ce Comte,
nous vous conseillons avec l'Apôtre d'employer la ruse, qui
dans une occasion semblable doit être plutôt appelée prudence. Ainsi, après en avoir délibéré avec les plus sages de
l'armée, vous attaquerez individuellement ceux qui sont
séparés de l'unité : vous ne vous en prendrez point d'abord
au Comte de Toulouse, si vous voyez qu'il ne s'empresse
pas de secourir les autres, et s'il est plus réservé sur sa conduite ; mais le laissant pour un temps, suivant l'art d'une
sage dissimulation, vous commencerez par faire la guerre
aux autres hérétiques, de crainte que, s'ils étaient tous
réunis, il fût plus difficile de les vaincre ; par là, ces derniers
étant moins secourus par le Comte, seront défaits plus aisé-
ment, et ce prince voyant leur défaite, rentrera peut-être en
lui-même » (1).

Je ne vois rien là qui ne soit inspiré par la véritable pru-

(1) Innoc. III. PP. Lib. xi, Ep. ccxxxii.

dence politique et même par la plus simple sagesse de la vie ordinaire : autrement, je me demande quel est le prince pour les affaires publiques, quel est l'homme pour les affaires privées, qui serait assez heureux pour échapper au reproche de déloyauté.

Au reste, qu'on ne m'accuse pas de chercher par un dessein préconçu et de donner systématiquement une interprétation bénigne à une lettre embarrassante : car la règle de cette interprétation, je la prends dans une autre lettre d'Innocent III.

Ce fut un moment d'épreuve pour son cœur, que celui où il dut se résoudre à faire la guerre à un prince dont il avait espéré le sincère retour. Il écrivait donc à ses légats avec une douleur contenue : « Raymond, Comte de Toulouse, a été en bien des points trouvé coupable envers Dieu et envers l'Eglise : il n'a pas obéi à nos légats; il s'est même révolté contre leurs désirs; ils l'ont excommunié; sa terre est libre. Si encore ce traitement lui avait enfin donné de comprendre! Il a donc perdu sa terre bien qu'il ne soit pas encore condamné pour hérésie et pour le meurtre de P. de Castelnau, dont il est suspecté. Cependant nous ne voyons pas encore pour quelle raison nous concèderions sa terre à un autre : car, d'abord, elle n'a été enlevée par sentence ni à lui ni à ses héritiers; ensuite et surtout, nous ne voulons pas paraître extorquer par ruse les places qu'il a livrées en gage : car l'Apôtre commande d'éviter, non seulement le mal, mais encore l'apparence du mal » (1).

Après tout, cette ruse si prudente, si elle avait amené le résultat final poursuivi par Innocent III, eût été certes heureuse. Raymond VI n'eût pas succombé. Eclairé enfin, il eût pris en main la défense de l'Eglise. Du même coup l'hérésie était réprimée, et l'on évitait, pour quelques-uns, le conflit douloureux du Patriotisme et de la Religion (2). A tout bien considérer, le pape Innocent III fut, en 1209, le vrai rempart de l'indépendance méridionale menacée. Cette affirmation qui semble contenir un paradoxe ou une contradiction

(1) Innoc. III. PP. Lib. xv, Ep. cii.
(2) Innoc. III. P. P. Lib. xv, Ep. ccxii.

avec l'occupation du pays par les Croisés, me paraît pleine-
ment justifiée. Que l'on voie plutôt par les faits.

Le Pape mit tout en œuvre pour dessiller les yeux du Comte,
Pendant 5 ans, (1207-1212), il patienta avec lui, employant
tour à tour le langage indigné(1), les menaces, les caresses.
Pourtant il avait bien des raisons d'agir promptement ; la
principale était que Raymond VI, avant d'aller s'expliquer à
Rome, cherchait à se faire du roi de France et de l'Empereur
des alliés. Bien que le Comte fût présumé être le bras caché
qui avait frappé le légat, le Pape reçut ses lettres ; par trois
fois, il fit le meilleur accueil à ses ambassadeurs ; il désigna
pour légats des personnes toujours sympathiques ; il agréa des
explications qui n'étaient pourtant qu'un subterfuge ; il le
combla, à Rome même, de prévenances affectueuses (2). Le
retard que le comte mit à se justifier n'ébranla pas son espoir
d'un vrai retour ; volontiers, il accorda l'absolution sollicitée,
bien que conditionnelle ; un moment même, il songea à rappeler Simon de Montfort ; toujours il parla à Raymond VI
avec ouverture et loyauté. Je n'en veux citer qu'un exemple.
Le 17 janvier 1210, deux ans avant l'entrée de Simon de
Montfort sur les terres toulousaines, il lui disait : « Le péril
que votre âme encourrait et le grave dommage que votre
renommée souffrirait Nous engagent à prier, avertir et ex-
horter votre Noblesse, de chasser de ses terres les hérétiques, comme Elle l'a promis en notre présence. Autrement,
qu'Elle ne l'ignore pas, Nous donnerions droit sur ses terres à ceux qui les achèveraient » (3).

Innocent III employait même la menace pour se faire un
allié de celui qui avait besoin de son appui. Pour consentir à
cette alliance avantageuse, Raymond VI n'avait aucun sacrifice d'amour-propre à s'imposer. S'il regardait autour de
lui, il n'avait qu'à imiter les princes de l'Europe ; s'il regardait derrière lui, la gloire de ses aïeux lui rappelait éloquem-

(1) Lib. x, Ep. LXIX, lettre que M. Meyer taxe de violente, *La Chanson*, p.
5, note 2.
(2) *La Chanson*, v. 984-995 — Innoc. PP. III *Reg*. Lib. XII, Ep CLII, CLI, v.
CLVI, CLXIX.
(3) Innoc. III. PP. *Reg*. Lib. XIII, Ep. CLXXXVIII.

ment son devoir (1). Devoir d'un facile accomplissement : car il n'avait à craindre aucun embarras sérieux du côté de l'hérésie. Guillaume de Puylaurens nous en a laissé le témoignage exprès, écho de l'opinion qui avait cours dans l'entourage de Raymond VII, qui était probablement celle de Raymond VII lui-même, et qui se produisit à la lumière des événements. « Si Raymond VI l'avait voulu, dit-il, il aurait pu extirper l'hérésie enracinée sur ses terres, *sans que personne fît opposition à sa volonté. S'il était impuissant dans beaucoup d'autres cas, il n'aurait manqué dans celui-ci ni de conseils ni de secours* » (2).

Malheureusement, il n'ouvrit l'oreille à aucun de ces conseils, pas même à ceux de son intérêt personnel : à les suivre, il eût trouvé pourtant l'honneur et la sécurité.

Mais beaucoup d'historiens ont vu un motif d'éloge dans son refus obstiné à réprimer l'hérésie. L'honneur et les droits, disent-ils, ne se mesurent pas au succès. Justement, les seigneurs méridionaux, Raymond VI en particulier, ont mérité l'impérissable souvenir de la postérité reconnaissante, pour avoir, en dépit de la faiblesse de leurs lances, soutenu les droits de la conscience individuelle et l'autonomie du pouvoir séculier, contre le plus inquiétant des princes et le plus puissant des Papes.

Si je comprends, ceci signifie que la guerre manqua de motif légitime, avouable ; qu'Innocent III ne fut pas fondé à se constituer le champion de la conscience publique et de la civilisation menacée. Mais j'ose affirmer le contraire : et je n'ai pas en vue la situation légale faite à l'hérétique dans le cours du moyen âge, mais bien la situation que l'hérésie organisée fit à l'Eglise et à la société, au commencement du XIIIᵉ siècle. L'hérésie néo-dualiste non seulement bouleversait la société, mais encore l'épuisait jusque dans ses sources ; les archives inquisitoriales de la ville de Toulouse

---

(1) Ainsi Raymond IV de St-Gilles et Bertrand son fils, dont le premier assista à la prise d'Antioche en 1098, et à celle de Jérusalem, en 1099, et dont le second poursuivit le siège de Tripoli commencé par son père. G. de Podiol. *Hist.* Cap. v.

(2) *Hist.* Cap. vi.

nous fourniraient cent témoignages pour un, que l'Eglise
sauva la famille dans les contrées gasconnes, en imposant le
respect des saintes lois du mariage (1). Elle se sauva aussi elle-
même. Jusqu'ici, on a surtout étudié le côté grandiose de la
vie de l'Eglise au moyen âge. Peut-être n'a-t-on pas assez re-
marqué que l'ordre de Saint-Dominique, par exemple, na-
quit à Toulouse, comme une rose au milieu des épines,
pour répondre à un immense besoin de vérité religieuse,
et que la Somme de S. Thomas donna la synthèse de la
foi à une des époques de l'histoire où la foi fut le plus en
péril. Toute la littérature du temps, même ces rares lettres des étudiants d'alors qui nous sont parvenues, surtout les lettres des Papes, toujours bien informés, en
particulier celles d'Innocent III, respirent le sentiment douloureux d'un cataclysme prochain. Soit habileté de sa part,
soit distraction ou faveur de la part des princes, soit con-
tagion du fruit défendu, le néo-dualisme, sorti de l'Orient et
peut-être apporté par les Croisés et par les Chevaliers du
Temple, prit, dans la seconde moitié du xiie siècle, un tel
développement en Europe, et, dans le comté de Toulouse,
un tel empire, qu'un danger européen menaça l'existence
de l'Eglise. Je crois avoir démontré son universalité et sa
gravité dans un écrit de quelque étendue : (2) je n'y revien-
drai pas. Je citerai seulement en vue de mes conclusions
présentes deux témoignages et le sentiment d'auteurs con-
sidérables.

Saint Bernard, écrivant, en 1147, 62 ans avant la Croisade, à Alphonse, comte de Saint-Gilles, et lui parlant de
l'état de la religion dans le Comté qu'il venait de parcourir,
lui disait déjà dans une progression alarmante : « Les églises
sont sans fidèles, les fidèles sans prêtres, les prêtres sans considération, et enfin les chrétiens sans Christ. » (3) Depuis,
le mal n'avait fait qu'empirer (4); et Innocent III, répon-

---

(1) Voir notre mémoire : *Les sources de l'histoire de l'inquisition dans le
midi de la France aux* xiiie *et* xive *siècles.* Palmé, 1881.

(2) *Les Albigeois, leurs origines.* 2e édit. Poussielgue, 1880.

(3) Ep. cclxi.

(4) Guil. de Podiol. *Hist. Praemium* et cap., ii. iii.

dant, en 1199, aux plaintes de l'archevêque d'Auch, Bernard de Sédiac (1), s'écriait: « De toutes les tempêtes qui battent la barque de Pierre celle dont la pensée nous afflige le plus, c'est que les ministres de la méchanceté diabolique se lèvent contre la foi orthodoxe avec plus de liberté que jamais » (2). Cette liberté ou plutôt cette licence, Catel, le vieil mais si consciencieux historien de Toulouse, l'estimait fort dangereuse(3); Fauriel reconnaissait que l'hérésie « devenait de plus en plus redoutable au catholicisme » (4); Aug. Thierry y voyait « un grand schisme auquel avaient part toutes les classes et tous les rangs de la société » (5). Hurter louait la prévoyance et l'activité du Chef de l'Eglise, qui le poursuivit sur tous les points de l'Europe; enfin, pour Mgr Héfélé, dont les opinions en histoire méritent la plus sérieuse attention. jamais encore le péril n'avait été aussi pressant pour l'Eglise, même après les Ariens, après les Barbares, après les Turcs(6).

Aussi, la Croisade, quand elle éclata, fut considérée partout comme une mesure extrême sans doute, mais juste et nécessaire. L'indignation universelle, causée par l'assassinat de P. de Castelnau, donna une dernière et triste évidence à l'appréciation commune. A défaut des princes, l'Eglise demanda aux chevaliers le suprême service de la défendre. Il me semble qu'elle dut le faire d'un cœur tranquille, alors même qu'elle paraissait, en 1209, sortir de ses traditions de charité. Elle n'avait pas à se reprocher d'avoir négligé la voie de la persuasion. Sans doute, quelques évêques de la région manquèrent parfois de zèle : plus vigilants et plus actifs, ils eussent prévenu bien des malheurs. Mais on peut dire que l'Eglise, considérée en elle-même et prise dans l'ensemble de ses pasteurs, s'imposait depuis plus de 100 ans tous les travaux et tous les soucis possibles pour rappeler ses enfants au devoir. Je n'ai pas à redire les noms des

----

(1). *Gall. Christ.* I, 989.
(2) *Reg.* Lib. 1. Ep. LXXXI.
(3) *Hist. des Comt. de Tolose.* Liv. II.
(4) *Hist. de la Gaule Méridion.* t. II, p. 213.
(5) *Hist. de la Conq. d'Angleterre,* t. IV, *Concl.* Chap. 1.
(6) *Hist. des Conciles,* t. VIII, p. 61.

nombreux missionnaires qui se partagèrent les œuvres de
zèle. La prédication apostolique ne cessa pas de retentir de
haut de la chaire. Quelle parole plus persuasive que celle du
Saint Bernard ? Et pourtant l'éloquent abbé de Citeaux
avait dû plus d'une fois secouer la poussière de ses pieds sur
des populations malheureusement sourdes à la voix de la vérité (1). A l'heure même où le cri : *La Croisade en Albigeois!*
soulevait les barons du Nord, Saint Dominique, modeste, dé-
pouillé, ayant fait le sacrifice de tout, même de sa vie, par-
courait en apôtre le pays envahi, au risque de tomber cent fois
victime de la vengeance des hérétiques. (2) Qu'avait-on obtenu
cependant ? Quelques-uns avaient sans doute reconnu leurs
erreurs ; mais le parti n'avait pas désarmé. (3) Le sang de
l'Eglise coula même plus d'une fois sous les coups de la secte ;
et si la sainte épouse du Christ ne connaît la vengeance que
pour la subir ; (4) si la charité qui l'anime incline même son
cœur vers les égarés et les malheureux, ceux qui la gouvernent
ne peuvent oublier qu'ils ont la garde du troupeau ; sous
le prétexte de ménager quelques âmes, ils n'ont pas le droit
d'exposer à la perte la multitude des fidèles et de compromettre l'intégrité du patrimoine spirituel dont ils ont reçu le
dépôt. En 1209, loin de dévier, l'Eglise ne fit que continuer
sa marche tranquille et forte. On le sait, en ces siècles du
moyen âge, le plus pur de sa gloire ne fut pas « d'avoir
régné, mais d'avoir combattu » (5). Elle eût voulu associer
Raymond VI à cette gloire.

Est-ce à dire que je m'engage, par voie de conséquence,
à justifier toute action ou tout sentiment de chacun de ceux

---

(1) Ainsi, le château de Verfeil (aujourd'hui chef-lieu de canton, Haute
Garonne) G. de Podiol. Cap. 1.

(2) L'évêque de Toulouse Foulques et Arnaud allèrent prêchant jusqu'à
Sainte-Bazeille (arrond. de Marmande) contre le prêt à usure, vice commun
parmi les hérétiques, (*La Chanson*, 1028 et suiv.)

(3) La raillerie fut la réponse au zèle des apôtres « on disait par raillerie : voici que rôde l'abeille. » *La Chanson*, v. 1033.

(4) Pierre de Castelnau dit à son meurtrier : « que Dieu te pardonne,
comme je te pardonne. »
Innoc. III. Lib. xi, Ep. xxvi. Cf. *La Chanson*, v. 89-92.

(5) Ozanam, *La civilis. au v⁰ siècle. Av.-prop.*, p. 50.

qui furent mêlés à la lutte? Je ne le prétends pas. Peut-être
même, en y réfléchissant bien, ne voudrais-je pas trouver
à mon avoir, par exemple, tous les coups d'épée que Simon
de Montfort donna. Mais l'histoire est une balance ; il me
semble pouvoir dire que dans la question toulousaine le
plateau doit tomber du côté de l'Eglise. C'est l'Eglise qui
proposa à Raymond-Roger et à Raymond VI de commencer
la défaite de l'hérésie, qu'ils avaient trop favorisée sur leurs
terres, en attendant que d'autres la poursuivissent dans la
Lombardie, dans la Dalmatie, et jusque dans les contrées
danubiennes, partout où elle était organisée. Du même coup,
Raymond VI faisait à l'Eglise une généreuse réparation du
meurtre de Pierre de Castelnau, et il raffermissait, avec son
pouvoir déjà bien entamé, l'indépendance de la patrie.

Au reste, Innocent III ne connut pas le *Væ victis*. Plusieurs fois le vainqueur reçut des conseils de modération et
même de sévères avertissements : toujours les deux parties
intéressées purent faire parvenir jusqu'à lui leurs plaintes ou
leurs réclamations. Il attendit longtemps pour se résoudre ;
et si, à la fin, Raymond VI fut dépossédé, le vaincu ne put
se plaindre des sentiments du Pape à son égard. Loin de
l'abandonner au hasard d'une fortune déchue, le chef de
l'Eglise lui assura d'abord pour lui-même, sur les revenus
de ses anciennes terres, une existence honorable, et à sa maison, dans la personne de son fils, un avenir, amoindri sans
doute, mais considérable encore (1). Innocent III négligea
même son propre intérêt : il ne se réserva aucun droit sur
le Comté. Loin de détruire la patrie méridionale, il con-
sacra, pour ainsi dire, à nouveau, tous ses droits, en réser-
vant l'autonomie du Comté et sa part de légitime indépendance envers le roi de France, le roi d'Angleterre, et le
jeune roi d'Aragon qui allait bientôt s'appeler Jacques Iᵉʳ le
Conquérant.

---

(1) Raymond VII garda en sa puissance la partie provençale du Comté de
Toulouse.

III

Pour apprécier, comme il convient, la conduite des catholiques et du clergé de la vicomté de Carcassonne et du comté de Toulouse dans la première période de la Croisade, nous n'avons pas de procédé plus rationnel que d'interroger les contemporains qui la racontèrent. Leurs récits fournissent plus que des faits matériels : ils donnent comme le décalque de la société du Midi d'alors. Ces œuvres historiques, je ne parle que des principales, sont au nombre de trois : l'*Histoire des Albigeois*, de Pierre de Vaux-Cernay, la *Chronique*, de Guillaume de Puylaurens et la *Chanson*, de Guillaume de Tudèle. La *Chanson* a deux parties et deux auteurs, le premier s'étant arrêté peu avant la bataille de Muret ; de plus, il nous reste une amplification en prose de ce poëme, de beaucoup postérieure. Ainsi nous interrogerons, en réalité, non pas trois témoins, mais cinq.

Pour mettre dans le relief d'une brève formule le trait qui les caractérise, Pierre de Vaux-Cernay loue toujours Simon de Montfort ; il en fait presque un héros d'épopée ;

du côté des croisés, dont Simon est le chef, point de fautes, point d'imprudences même. Qui est catholique, mais au sens où l'auteur l'entend dans l'affaire, a toujours raison et a toujours bien fait. Par contre, les ennemis ont toujours tort ; pour eux, il n'admet pas le bénéfice des circonstances, surtout pour ceux-là qui, appartenant au comté, ne partagent pas ses tendances, en dépit de leur foi catholique. Il semble croire qu'à les combattre, tous les moyens sont bons ; et, si sa raison philosophique ne connaît pas la théorie un peu moderne que la fin justifie les moyens, toute la partie impressionnable de sa nature ardente l'y incline. Il est, d'ailleurs, au milieu des croisés.

Guillaume de Puylaurens professe hautement que la guerre fut légitime : il cite des faits nombreux qui la justifient ; il lui reconnaît même un caractère moral que nous noterons comme un fait intéressant. Mais, bien que méridional, il n'éprouve aucun embarras à blâmer, et même souvent, la conduite des catholiques du comté. Membre du clergé, il a beaucoup à reprendre dans le clergé, et notamment dans le corps épiscopal.

Guillaume de Tudèle est doué d'un génie médiocre ; mais, à défaut de talent, il a une bonne âme. Il est partisan des croisés ; mais il éprouve le plus ordinairement pour les hérétiques un sentiment de pitié sincère (1). Il regrette bien des faits douloureux. « Pour lui, la Croisade est une force irrésistible, une bourrasque qu'il faut laisser passer en courbant la tête » (2). Il semble représenter l'opinion la plus commune ; en tout cas, ce sentiment est bien celui qu'éprouvent avec lui le prêtre qui lui raconta le siège de Carcassonne (3), cet autre qui lui fit le récit de la prise de Lavaur et des exécutions dont elle fut suivie (4), maître Pons de Méla, qui fut présent à Rome quand Innocent III ordonna la Croisade (5), et Nicolas, qui semble avoir assisté à la bataille de Castelnaudary (6).

L'auteur anonyme de la seconde partie de la *Chanson*

(1) V. 496-500. 1598-1600. 1625-1627.
(2) V. P. Meyer. *la Chanson de la Croisade.* Introduction. XLVIII.
(3) V. 741. — (4) V. 1554. — (5) V. 110-112. — (6) V. 2158.

éprouve des ardeurs et des passions ignorées de Guillaume de Tudèle : il écrit au moment où la fortune de Simon de Montfort commence à décliner. Il est catholique, comme le prouvent maints passages où il invoque Jésus-Christ (2), la Vierge Marie et saint Saturnin (1). Mais il représente la tendance absolument opposée à celle de Pierre de Vaux-Cernay. Il blâme tout ce que celui-ci approuve et il approuve tout ce que celui-ci blâme. Pour lui, Simon de Montfort est un « homme mauvais et cruel » (3), l'évêque Foulques un « traître » (4), Raymond VI une victime de l'animosité du clergé, et la Croisade une aventure. Par contre, Raymond VI représente la « droiture, » Raymond le Jeune « Parage » et Toulouse « l'honneur. » Le Pape eût dû « régir Parage et Merci, » et ne pas laisser succomber le comte (5); cependant il les délaissa. Aussi exalte-t-il avec un enthousiasme sincère le soulèvement patriotique dont Raymond le Jeune se fit l'âme après le concile de Latran.

Cette tendance, déjà bien marquée, à chanter Toulouse et à flétrir la Croisade s'accentue encore davantage dans le récit en prose. L'auteur renchérit sur son modèle. Pour lui, la politique de la cour de Rome est violente et injuste et la conduite des légats atroce, inspirée par le fanatisme et la ruse; il n'éprouve guère qu'une répulsion profonde pour le clergé, et notamment pour l'évêque de Toulouse, qui prit le plus souvent une attitude militante.

Ainsi, aux deux extrêmes, l'un ne trouve qu'un motif d'éloge, et l'autre qu'un motif de blâme dans la Croisade : entre les deux, un troisième accepte la Croisade en principe, mais reprend beaucoup dans les catholiques et le clergé; un quatrième, doué d'une bonne âme, montre de la pitié pour les victimes, et ne se prononce guère sur le fond.

Tels étaient les courants d'opinion au xiiie siècle. Une diversité si grande s'explique par ce fait que les catholiques du comté de Toulouse et de la vicomté de Carcassonne ne

---

(1) V. 382o. — (2) V. 9574. à la fin. — (3) V. 3126.
(4) V. 5270. 5206. 5290. 5535. 5346. 5418. 5482. 5590. 5618.
(5) V. 3628.

comprirent pas tous de la même manière la situation et leur devoir. Ils étaient nombreux; il paraît bien qu'ils formaient la majorité; cette majorité opprimée n'était point sympathique à Raymond VI ni à Raymond-Roger, les chefs légitimes du pays envahi. Depuis longtemps, ils demandaient à être protégés, comme c'était leur droit. Au moment où les croisés parurent, ils ne l'étaient pas. Quelle attitude prirent-ils?

La ligne de conduite à suivre était enveloppée de toutes les obscurités d'une situation depuis longtemps embarrassée; la foi, qui subissait un affaiblissement général, n'était ni assez vive ni assez obéie pour les dissiper. Aucune lumière n'éclairant la route, on tâtonna. Au commencement de la guerre, la plupart des catholiques se battirent avec les hérétiques, à Béziers et à Carcassonne (1). Mais, après l'écrasante défaite de Raymond-Roger, bien des seigneurs de la vicomté de Carcassonne, toujours catholiques par les tendances, mirent de l'empressement à faire leur soumission au vainqueur, sauf plus tard à se déclarer contre lui. C'est ce que fit, par exemple, Guillem Cat, que le vainqueur honorait de son amitié pour avoir été le parrain d'un de ses enfants, et qui le trahit sur le champ de bataille même, à Castelnaudary, en passant du côté des Toulousains (2). La vicomté de Carcassonne, à part les trois places de Minerve, de Termes et de Cabaret, avait courbé la tête avec une docilité en quelque sorte flatteuse pour Simon de Montfort : Narbonne avait reconnu l'autorité des légats et repoussé l'idée même d'une connivence quelconque avec l'hérésie. Pourtant, en 1212, lors de la prise d'armes de Raymond VI, Montfort ne parvint à réunir à Narbonne que 300 hommes, et dans le Carcassais que 500 ; bien plus, une fois réunis, ces hommes refusèrent de marcher et rentrèrent dans leurs foyers (3).

Dans le comté de Toulouse, l'imprudence fut peut-être

____

(1) *La Chanson,* v. 345-420, Innoc. PP. III, lib. xv, Ep. ccxII.
(2) Guil. de Podiol. *Hist.* cap. xIx.
(3) Pet. Vall. Cern. cap. LVI.

plus grande. Je parle de la prise d'armes de Raymond VI.
Après le concile d'Arles, on poussa le comte à un éclat (1).
Savaric de Mauléon lui-même, alors sénéchal du Poitou (2),
puissant baron, mêlé à la lutte de Jean-sans-Terre et de
Philippe-Auguste, parent de Bernard de Montesquiou,
évêque de Tarbes, et de Géraud de la Barthe, archevêque
d'Auch (3), Savaric de Mauléon, dont la famille ancienne
déjà et célèbre avait donné à l'Eglise de généreux défen-
seurs, promit des secours à Raymond VI (4), au moment où
ces promesses ne pouvaient que rendre le comte moins
avisé. A Toulouse, la *Confrérie Blanche* s'était organisée
pour combattre l'hérésie en elle-même et dans un de ses vi-
ces les plus notoires, l'usure (5); elle avait passé, pour ainsi
dire, par-dessus le corps du Comte pour aller prendre
part au siège de Lavaur entrepris par les Croisés (6); elle
comptait parmi ses affiliés « presque toute la ville » (7); elle
avait vu une autre confrérie, la *Confrérie Noire*, s'établir en
opposition à elle, pour soutenir l'hérésie et le Comte. Eh
bien, la *Confrérie Blanche* elle-même finit pourtant par se
réconcilier avec le Comte, et après avoir assisté à l'exé-
cution des hérétiques de Lavaur, elle travailla aux remparts
de la ville de Toulouse, en prévision de la prochaine
arrivée des Croisés (8) qu'elle avait secourus. A son occasion, les divisions intestines s'étaient aggravées (9); et ce
n'est pas sa conduite hésitante assurément qui jeta
quelque lumière dans le trouble universel.

Baudouin, frère de Raymond VI, eut des revirements
inattendus, qui s'expliquent sans doute, mais qui sur-
prennent. Il est vrai qu'il n'avait pas à se féliciter de son
frère : catholique sincère, il n'entrait pas une seule fois
au palais sans y entendre des propos hérétiques; né du

<hr>

(1) *La Chanson* V. 1344-1425.

(2) Boutaric, *S. Louis* et *Alphonse de Poitiers*, p. 135, n° 1. *Liste des sénéchaux.*

(3) *Nobiliaire univ. de France*, par Saint-Allais, Tom. II, p. 103, Tom. III, p. 383.

(4) *La Chanson*, v. 1420-1425. — (5) G. de Podiol. Cap. xvi.

(6) *La Chanson*, v. 1038. — (7) G. de Podiol. Cap. xv.

(8) G. de Podiol. Cap. xviii. — (9) G. de Podiol. Cap. xv.

même amour conjugal, il s'était vu repousser par le Comte comme n'étant pas son frère, et il n'avait pas fallu moins que le témoignage de la Cour de France pour faire tomber des répulsions inexplicables : admis enfin dans la famille du Comte, il n'y jouissait d'aucun crédit, pas même de l'affection qui est naturelle entre frères. Mais, justement, ne devait-il pas craindre de paraître obéir à une rancune, en prenant parti contre le Comte ? Placé entre sa foi et son affection, ne devait-il pas avoir le souci de ne blesser ni l'une ni l'autre ? Son intérêt même ne lui conseillait-il pas de laisser tous les torts du côté de celui qui l'avait offensé jusqu'à l'outrage ? L'abstention paraissait donc être le parti à la fois le plus sage et le plus honnête. Mais à certaines heures, c'est grande et rare sagesse que l'inaction. Baudouin n'eut pas cette prudence : il prit d'abord du service dans l'armée de Raymond VI (1) ; il s'engagea même à défendre le château de Montferrand. Puis il fit une tentative auprès de lui pour le résoudre à armer contre les hérétiques et à aider les Croisés (2) ; et nous reconnaissons que cette démarche fut inspirée par les conseils d'une bonne fraternité et d'une saine politique. Mais, peut-être était-elle le premier pas d'une séparation déjà décidée. Finalement, Baudouin, après avoir livré Montferrand aux Croisés, combattit ouvertement contre sa propre maison, même à Muret (3), croyant sans doute faire œuvre de fervent catholique, mais se méprenant sur la nature et l'étendue des volontés pontificales. Pris les armes à la main, il fut condamné à la potence : le comte de Foix, son fils, et Raymond VI, avec une cruauté assurément révoltante, exécutèrent eux-mêmes la victime (4). Mais si Pierre de Vaux-Cernay ne vit dans le comte de Toulouse qu'un nouveau Caïn (5), Guillaume de Puylaurens, tout en reconnaissant que ce fratricide aggrava la mauvaise renommée du Comte, se borna à trouver le supplice trop cruel et ne taxa pas d'injustice la sentence elle-même (6). Un sirventès

---

(1) G. de Podiol. Cap. xviii. — (2) Pet. Vall. Cern. Cap. liv.
(3) *La Chanson*, v. 3049. — (4) Pet. Vall. Cern. Cap. lxxv.
(5) Pet. Vall. Cern. Cap. lxxv. — (6) Cap. xxiii.

de Peire Cardinal célébra dans la mort de Baudouin la justice de Dieu, qui « tient son arc tendu et tire où il veut tirer… rendant à chacun la récompense qu'il mérite, selon qu'il a été vicieux ou vertueux (1). »

Bien des villes elles-mêmes se débattirent dans une hésitation malheureuse. Ainsi, quelques-unes ouvrirent spontament les portes aux Croisés, comme Castres (2), Lombers (3), Agen, Castelsarrasin, mais avec l'espoir de revenir à Raymond VI. Guillaume de Tudèle, dont la foi est hors de tout soupçon, disait à ce propos : « Des bourgeois d'Agen, qui les premiers se rendirent, ils prirent cet exemple que vous m'entendez conter. De deux maux on doit toujours choisir le moindre. B. d'Esgal a dit : « Si tu passes un gué, tu ne dois pas marcher le premier, mais tenir le milieu, de telle sorte que si tu vois personne se noyer, tu puisses aussitôt revenir sur tes pas (4). » Langage tout bourgeois, peu élevé, et sujet à critique, non seulement pour les esprits chevaleresques, mais encore pour les moralistes. C'est d'après ce principe de prudence peu honorable que les habitants du château de Penne livrèrent eux-mêmes Martin Algai (5) leur chef, d'abord à la solde de Simon de Montfort (6), fuyard et transfuge ensuite (7), et enfin faydit (8).

Cette hésitation générale qui alla jusqu'à la dissimulation irritait le vainqueur. On conçoit, en effet, que celui-ci eut mieux aimé combattre des ennemis déclarés que de se trouver en présence de gens tantôt ses adversaires, tantôt ses partisans. Il ne vit bientôt partout que des hérétiques traîtres à leurs engagements ; et Pierre de Vaux-Cernay, l'historien enthousiaste de ses victoires, englobant dans le même blâme les catholiques et les hérétiques, disait : *Tolosa, dolosa.*

(1) M. P. Meyer, *Recueil d'anciens textes*, partie provençale, n° 18. *Chanson de la Croisade. Introd.* p. xxxvii.
(2) Pet. Vall. Cern. Cap. xxii. — (3) *Ibid.* Cap xxv.
(4) La *Chanson*, v. 2492-2499. — (5) La *Chanson*, 2454.
(6) La *Chanson*, v. 1975, 2042, 2088.
(7) La *Chanson*, v. 2145. — (8) La *Chanson*, v. 2448.

Cette équivoque dans la conduite, bien des raisons la produisirent. Guillaume de Puylaurens nous a conservé, à ce sujet, une anecdote instructive. « J'ai entendu répéter à l'évêque Foulques, écrivait-il, ces paroles que lui adressait Pons Adhémar de Rodeil, chevalier doué d'autant de tact que de bravoure.

— « Nous n'aurions jamais cru, dit-il, que Rome eût, contre ces gens-là, des raisonnements aussi convaincants.

— Reconnaissez-vous, reprit l'évêque, qu'ils n'ont plus rien à nous objecter ?

— Nous le reconnaissons bien, dit-il.

— Pourquoi donc, ajouta l'évêque, ne pas les disperser et les expulser de vos terres ?

— Nous ne le pouvons pas : nous avons été élevés avec eux, nous avons parmi eux de nos parents, et nous les voyons vivre honnêtement. »

Cette raison prise d'une éducation commune, de la parenté et du spectacle de la vie soi-disant honnête des hérétiques ne fut pas la plus forte.

Il paraît bien certain qu'après la prise de Carcassonne, l'entente, effet de la peur, exista entre Simon de Montfort et les barons Toulousains, du moins pendant quelques mois. En tout cas, Raymond VI, allant au-devant des Croisés jusqu'à Valence, mêlant ses armes à leurs armes sous les murs de Béziers et de Carcassonne, leur présentant son propre fils avant leur départ, pouvait bien faire croire qu'il était avec Rome. Mais, vers la mi-novembre 1209, après la mort de Raymond-Roger dans sa prison, des calomnies commencèrent à avoir cours : on crut bientôt avoir découvert l'auteur de ce trépas imprévu : Pierre de Vaux-Cernay, Guillaume de Tudèle, Guillaume de Puylaurens se plaignirent des propos calomnieux qui en accusaient Simon de Montfort. Raymond VI commençait à craindre un voisin redoutable ; il laissa donc courir le mensonge. Simon de Montfort avait fait occuper toute la vicomté par ses compagnons, qu'il avait disséminés çà et là avec intelligence. On lui supposa des vues d'ambition ;

on dit qu'au lieu de porter la paix promise par la Cour Pontificale, il portait la guerre. Le malheur voulut que quelques-uns de ses hommes se livrassent à des excès criants. Ainsi l'accord qu'il fit avec Giraut de Pépieux n'empêcha pas un des croisés de tuer le neveu de celui-ci. Il est vrai que Simon de Montfort fit enterrer tout vivant le meurtrier (1) ; mais cette réparation fut vite oubliée, si toutefois on en parla en dehors des Croisés.

Nous savons avec quelle rigueur il sévit contre les hérétiques, notamment à Minerve (2), à Lavaur (3), à Saint-Antonin (4). Son zèle alla si loin qu'à Saint-Antonin les clercs, partisans sans doute d'une répression moins violente, furent eux-mêmes inquiétés. Quelques Croisés, comme le comte d'Alos (5), demandaient sans doute des ménagements, et même un accommodement. Mais d'autres poussaient à l'action immédiate et implacable. Bientôt on prêta ces mêmes désirs au légat Arnaud, à l'évêque Foulques et à tout le clergé (6). En fait, les conseils de répression furent écoutés : on agit. Cette conduite rendit Simon de Montfort odieux ; beaucoup se déclarèrent donc contre lui vers 1210 et 1211, soit par une sympathie secrète ou avouée pour l'hérésie, soit pour protester contre la présence du vainqueur. Guillaume de Tudèle attribue la brouille à l'obstination des habitants (7). L'action intentée par l'abbé de Saint-Gilles au comte de Toulouse, condamné par les légats (8), n'apaisa pas les esprits et la décision des évêques à Arles (9), peu ou mal comprise, mit le comble à la confusion.

L'hérésie tira aussitôt un habile parti du trouble des

(1) *La Chanson*, v. 940.
(2) *La Chanson*, v. 1075. Pet. Vall. Cern. Cap. xxxvi.
(3) v. 1524-1574. Pet. Vall. Cern. Cap.
(4) *La Chanson*, v. 2375-2385. Pet. Vall. Cern. Cap.
(5) *La Chanson*, v. 1878.
(6) *La Chanson*, v. 1042 et suiv.
(7) v. 1034.
(8) Layettes, n° 930, n° 942, n° 1180.
(9) *La Chanson*, v. 1348 et suiv.

esprits : elle joua à l'équivoque. Elle prétendit et fit admettre que Simon de Montfort menaçait le territoire : elle cacha adroitement son jeu. Que l'on voie plutôt. Nous ne pouvons guère douter aujourd'hui que Raymond VI et ses alliés principaux, le comte de Foix notamment, ne participassent à l'hérésie. Le néo-dualisme ne pouvait former un parti politique sérieux : cependant ils le soutenaient en toute occasion. La sœur de ce dernier était une hérétique militante et connue (1). Or, Raymond VI avait fait le voyage de Rome; il avait même remis le château Narbonnais au légat. Le comte de Foix s'était empressé de conclure la paix avec Simon de Montfort au commencement de l'occupation : il était allé jusqu'à lui livrer son fils en otage (2). L'un et l'autre parlaient toujours avec déférence du Pape. Raymond VI craignait bien quelque peu que la feinte ne réussît pas entièrement. C'est en prévision d'une désillusion générale qu'en 1211 il avait fait donation de Toulouse à son fils, connu pour ses sentiments catholiques (3). Il n'en avait pas moins pour le moment attiré vers lui bon nombre de catholiques. Ce n'eût été qu'un demi-mal si ces dupes n'avaient appartenu qu'à l'Aragon, comme Ugo d'Alfar et P. Arcès (4). Mais la plupart étaient Toulousains. Ils ne pouvaient croire que des barons, se disant toujours catholiques (5), ne le fussent point. Dans cet état d'esprit, ils ne comprenaient pas que les évêques et les légats ne partageassent point leur confiance. Je n'en veux pour preuve qu'une réponse de l'évêque de Toulouse qui dissipa l'hypocrisie et qui eut un retentissement considérable. « J'allai trouver, raconta le chevalier Raymond de Rocaud, messire Foulques, évêque de Toulouse, et je lui demandai de m'admettre à l'hospice de la *Maynaderie*, pour y terminer mes jours au service de Dieu. Il me répondit par une sorte de parabole... Vous qui avez tué le comte par vos premiers conseils ; vous qui êtes la cause de tout et qui demandez maintenant à Dieu l'hospitalité, vous

---

(1) G. de Podiol. Cap. viii. — (2) *La Chanson,* v. 935.
(3) G. de Podiol. Cap. xviii. — (4) *La Chanson,* v. 1818.
(5) Lettre de Pierre II aux évêques, Pett. Vall. Cern. Cap. lxvi.

ressemblez à ce fou qui avait tué un riche en le frappant d'un coup de pierre à la tête, et qui cependant vint recevoir avec les pauvres sa part de l'aumône distribuée à la porte du défunt. Comme il se tenait à son rang, et que celui qui distribuait l'aumône passait devant lui, sans lui donner comme aux autres. — « *Ne me donnerez-vous rien, lui dit-il, quand c'est moi qui ai tout fait* » (1).

Voilà la parole qui, en 1214, eut un immense retentissement. Mais cette lumière qui dessillait les yeux brilla un peu tard. Du reste, en 1212, beaucoup qui ne voyaient pas la feinte succombèrent devant la crainte de paraître manquer de patriotisme envers Toulouse et de fidélité au Comte. Bien rares furent ceux qui imitèrent la conduite de ces quelques catholiques Biterrois, dociles et prudents, jusqu'à suivre leur évêque dans sa retraite et à renoncer à la lutte (1219) (2). Les Toulousains qui détestaient l'hérésie se méprirent sur le caractère de la Croisade ; ils firent le jeu du Comte, quelque temps du moins. C'est ainsi que, en dépit des lettres d'Innocent III prêchant la Croisade et rien autre, on vit les catholiques du Nord combattre, en mainte occurence, les catholiques du Midi derrière le rempart desquels les hérétiques se dérobaient. Chacun des deux partis, du reste, prétendit avoir plein droit, les Croisés disant que les ennemis de Rome, c'étaient toutes les lances Toulousaines, et les barons faydits que la religion avait fourni le voile honnête sous lequel se dissimulait une ambition inavouable.

Voyons maintenant comment les évêques dénouèrent cette triste situation.

J'ai déjà tenté de caractériser l'état de l'hérésie néo-dualiste en Europe. Dans les états du Comte de Toulouse et dans les terres voisines, les hérétiques dominaient partout. Les agents de la secte étaient reçus avec honneur dans la plupart des demeures châtelaines ; les assemblées légales leur ouvraient leurs rangs fermés aux catholiques, et le

(1) G. de Podio. Cap. xxv.
(2) La *Chanson*, v. 414.

capitoulat de Toulouse mettait du zèle à servir leurs intérêts. Avec le crédit, étaient venus les avantages, les privi-
lèges, les exemptions. Je nomme les principaux de ces pri-
vilèges, qui plaçaient les catholiques dans une notable infé-
riorité sociale. Les églises néo-dualistes constituées, et elles
étaient au nombre de sept dans le Midi, pouvaient recevoir
des legs ; elles « possédaient des asiles, des champs, des
vignes et de vastes édifices (1) ». Les adeptes n'avaient
plus à payer, par ce seul fait, un sou des redevances
du guet et de la taille ; ils avaient la faculté de se réunir
librement ; leur hiérarchie ecclésiastique, calquée sur celle
de l'Eglise, était reconnue ; ils jouissaient de plus de leurs
cimetières particuliers, privilège qui, plus que tout autre
dans une société chrétienne, témoigne du degré d'influence
acquise par une association religieuse rivale. « L'hérésie
avait tant gagné, qu'elle dominait tout l'Albigeois, le Carcassais, le Lauraguais pour la plus grande partie. De Béziers
à Bordeaux sur toute la route ; il y avait beaucoup de ses
adhérents et de leur compagnie. Si j'en disais plus, je ne
mentirais pourtant pas » (2).

L'appui politique n'était pas la seule cause d'un tel développement et d'une telle puissance. Le néo-dualisme avait tiré
un très bon parti de la liberté que l'habileté opportuniste
de quelques hommes d'Eglise lui avaient laissée. Les sectaires
étaient fort divisés ; des tendances opposées s'accusaient
depuis longtemps au milieu d'eux. S'ils s'unissaient dans
une « conspiration » commune contre l'Eglise, les groupes
dissidents se disputaient vivement l'influence et la supréma-
tie. Les Vaudois paraissaient les plus avancés et les plus réso-
lus ; ils étaient en tout cas les plus haïs et les plus redoutés.
Bien des membres du clergé, impuissants à terrasser cet
ennemi dans une lutte corps à corps se partageaient dans les
autres groupes autant d'auxiliaires utiles : ils toléraient tous
les sectaires par opposition à ces hardis novateurs (3). Ils
ne voyaient pas que ces auxiliaires étaient plus dangereux

(1) G. de Podiol, *præmium*
(2) La *Chanson*, v. 31-38.
(3) G. de Podiol. *Præmium.*

aux âmes et à la foi catholique que des ennemis ouvertement déclarés : car, pour reproduire le désordre même du langage de G. de Puylaurens : « Nos contrées ne donnaient plus guère que des épines, des chardons, des ravisseurs, des brigands, des voleurs, des homicides et des usuriers notoires. Et, ce qui paraîtra plus grave, la religion était avilie au point que des juges laïques, peut-être favorables à l'hérésie, étaient pris comme arbitres dans les discussions théologiques, comme on le vit à Montréal » (1).

Ces faits expliquent la démarche personnelle faite auprès d'Innocent III, après la lamentable journée du 8 janvier 1208, par deux évêques du pays, alarmés, inquiets, partisans d'une répression énergique et immédiate, Navarre, évêque de Conserans, et Foulques, évêque de Toulouse. Ce dernier, du reste, avait à gémir sur l'état particulièrement douloureux de son diocèse. Ses deux prédécesseurs lui avaient créé une situation intolérable, l'un, en épuisant les revenus épiscopaux et en ruinant par des procès imprudents la considération de l'Eglise, aux grands gémissements de Pierre de Castelnau ; l'autre, en donnant le scandale de la simonie et de la violence. Il manquait de liberté et de crédit : bien plus, son autorité était universellement méconnue. Il allait donc solliciter un appui auprès d'Innocent III.

Mais tous les évêques du comté ne partagèrent pas d'abord le sentiment de Foulques et de Navarre et n'approuvèrent pas leur voyage de Rome. Du reste, cette différence d'appréciation du clergé indigène sur la conduite à tenir envers l'hérésie, ou, pour parler plus exactement, envers les dépositaires du pouvoir, remontait déjà à quelques années. Au temps de la légation du moine Pierre de Castelnau, tous les évêques n'inclinaient point vers la répression qu'il avait mission d'obtenir : et bien que, à cette heure, le souvenir de celui qui était tombé victime peut-être de leur faiblesse, fut sacré, ils répugnaient à la poursuite active des perturbateurs de la foi. Frapper ces perturbateurs, c'était

(1) *Præmium*. G. de Podiol. Cap. ix.

s'exposer à frapper les chefs politiques, auxquels ils étaient attachés (1).

Cette affection d'une partie notable du clergé au Comte de Toulouse ne peut pas étonner. Au premier temps des croisades, la maison de Saint-Gilles s'était illustrée en Orient : Raymond IV, après avoir arboré sa bannière sur les murs de la ville sainte, et sur ceux de Laodicée, avait entrepris le siège de Tripoli, que son fils avait soumise aux armes chrétiennes ; et depuis, la renommée de ces héros s'étendait aussi loin que l'Eglise (2). Il n'était pas également évident pour tous que leurs descendants ne fussent pas appelés à continuer ces belles traditions de foi chrétienne. C'est ainsi que, dès l'origine de la lutte et plus tard, le clergé fut divisé sur la conduite à suivre. Beaucoup de ceux qui tenaient au sol par leur famille, et ils étaient nombreux, ou qui étaient attachés au Comte par des liens anciens déjà, comme Raymond de Rabastens, restaient fidèles au représentant de l'antique maison de Saint-Gilles. Quelques-uns, étrangers au comté par leur origine, comme Foulques, qui était sorti de Marseille, et Navarre, originaire d'Aix, ne désiraient pas assurément que le comté passât à d'autres mains, mais ils craignaient cependant, et les faits justifiaient leurs craintes, que l'indifférence, la faiblesse, et peut-être même la complicité de Raymond VI, ne fussent un grave obstacle à l'œuvre de l'Eglise : une séparation nette et publique du comte d'avec l'hérésie pouvait seule lui rendre leur confiance. Cette appréciation devint peu à peu celle du grand nombre des évêques : et je doute qu'aujourd'hui, après l'événement, on soit en droit de reprocher à Foulques et à Navarre d'avoir mal jugé : ils eurent cette vue que donne la distance et qui dissipe les illusions entretenues par un commerce habituel et trop intime avec les causes du mal. Le Dante, rencontrant Foulques dans les heureux sentiers du *Paradis*, reçut de ses lèvres cette maxime, qu' « on s'y

(1) Pet. Vall. Cern. cap. LXXXIII. — La *Chanson*, v. 3162 et suiv.

(2) Michaud, *Hist. des Croisades*, Paris, 1829, 4ᵉ édition. T. I, pp. 183, 184, 186, 240, 298, 485. T. II, p. 53.

réjouit, non de ses fautes qui ne reviennent pas à la mémoire, mais de la vertu souveraine qui ordonne et prévoit » (1); et Innocent III saluait en lui l'homme intègre dans ses opinions et dans sa vie, qui avait mérité le bon témoignage non-seulement de ceux du dedans, mais encore de ceux du dehors (2).

L'archevêque d'Auch, Bernard de Montaut (3), et l'ancien évêque de Toulouse, dépossédé de son siège, Raymond de Rabastens, contrairement aux deux évêques que nous venons de nommer, représentèrent ceux qui avaient confiance en Raymond VI ; ils furent les optimistes d'alors; ils conçurent le projet et eurent l'ambition de réconcilier le comte et le Saint-Siège. Je n'oserais pas dire que ce rôle, honorable à un certain point de vue, leur convînt absolument. Ainsi l'archevêque d'Auch ne pouvait d'abord échapper à la comparaison avec son prédécesseur, Bernard de Sédiac qui, dès 1198, avait avec zèle exposé à Innocent III l'état de la religion dans le comté (4). En proie à une maladie qui rappelait l'épilepsie, peu estimé déjà à Lectoure où il avait exercé la charge pastorale, perdu, dès 1207, dans l'esprit du Pape, soupçonné de favoriser l'hérésie, et donnant raison aux plaintes de son cha-

(1) Le *Paradis*, ch. ix.

(2) « Viro integræ opinionis et vitæ, qui testimonium habet, non solum ab iis qui sunt intus, sed ab iis etiam qui sunt foris. » Lib. xvi. Ep. xlviii. Petrarque l'associa aux grands noms qu'il célébra dans son *Triomphe d'amour*.

Pétrarque. — Dei trionfo d'amore, C. IIII.

 I dico l'uno e l'altro Raimbaldo
  Che cantar pur Beatrice in Monferrato :
  E'l vecchio Pier d'Alvernia con Giraldo :
 Folchetto, ch'a Marsiglia il nome ha dato,
  Et a Genova tolto, et a l'estremo.
  Cangio per miglior Patria habito e stato.

Ed. de Venise. 1581, p. 368, recto.

(3) Et non Bernard de Sédiac, comme le disent les Fr. de Sainte-Marthe, I, 989. — Cf. P. Theiner dans la *Bibliothèque de l'Ecole des Chartes*. — Canéto, *Bulletin du Comité d'histoire et d'archéologie de la Province ecclésiastique d'Auch*. Tom. iv, p. 325, 390. — D. Brugelles, *Chroniques eccles. du diocèse d'Auch*. Toulouse, 1746, p. 115.

(4) Innoc. PP. III, *Regest.* Lib. i, Ep. lxxxi.

pitre qui pourtant l'avait élu et qui avait sollicité pour lui une dispense canonique, il ne pouvait rien en faveur de Raymond VI, bien que par sa naissance il fût de la première maison baronale du comté d'Armagnac. Il ne fut guère qu'un personnage empressé et inquiet, dont l'épiscopat affligea le Saint-Siège (1). Quant à Raymond de Rabastens, l'ambition et la complaisance l'avaient bien amoindri : simoniaque, il avait brigué l'épiscopat ; violent, il l'avait obtenu. Sans appui du côté de Rome, il s'était fait l'instrument de Raymond VI. Dépossédé du siège de Toulouse par une sentence qui est entrée dans le *Corpus Juris*, de quel crédit allait-il jouir à la Cour Pontificale ? Son voyage à Rome ne fut pas étranger à tout dépit et à tout esprit d'hostilité envers Foulques, auquel il ne pardonnait pas de lui avoir succédé (2).

Toutefois, une démarche de Raymond VI auprès du Saint-Siège s'imposait. Le moment était décisif; de toute manière, il fallait faire revenir le Pape de l'impression défavorable que le meurtre de son légat avait produite à Rome. C'est peut-être la raison pour laquelle Guillaume de Tudèle parla sans blâme et sans dénigrement du voyage de ces deux prélats (3), qui, sous le prétexte de presse et d'intérêt public, servirent auprès du Saint-Siège les habiletés du Comte. Celui-ci, sous le coup de l'excommunication et sous la menace de la Croisade, avait pris en effet le parti d'accuser à son tour. Les convenances lui défendaient de faire remonter jusqu'à Innocent III la cause des tristes événements qui l'affligeaient ; il en rendit donc responsable la politique des légats ; leur violence avait soulevé, disait-il, l'indignation de l'écuyer dont la lance frappait naguère Pierre de Castelnau. Pour rendre l'explication plus plau-

(1) Innocent III disait de lui et de l'archevêque de Narbonne : « Ne igitur ex nequitia sua possint commodum aliquod reportare, cum non solum negligentes sint, ut asseritur, sed etiam pestilentes. » Lib. xiii. Ep. lxxxviii. — Cf. Lib. xiv. Ep. xxxii. Le Pape demande à l'archevêque de se démettre, comme étant *minus aptus*. — Cf. Lib. xvi. Ep. v.

(2) Plus tard Raymond VI ne recourut pas à leurs services, mais à ceux de Guillard et Gilabert. Innoc. PP. III. Lib. xvi. Ep. Cf. xxii.

(3) V. 226 et suiv.

sible, il proposait de se justifier de toute participation à l'hérésie. Les deux évêques offrirent de riches présents, en signe de ses bonnes dispositions et de sa vénération pour la personne du Pape ; ils proposèrent des garanties ; elles furent acceptées (1).

L'éventualité d'un prochain retour de Raymond VI, qu'on lui dépeignait sous de favorables couleurs, se présentait donc à Innocent III. Il dut la faire entrer dans ses calculs. Ce retour désirable pouvait tenir à une personne ; de tout temps le Saint-Siège a eu le souci de ne se donner aucun tort ; ces négociations nous en offrent un exemple. Il confia donc la légation de Toulouse, assurément la plus considérable et la plus épineuse en ce moment, à un homme de sa cour qui avait les sympathies de l'archevêque d'Auch et du comte, instruit, éloquent, d'une exquise aménité, à Milon, notaire ou secrétaire de la Chambre apostolique. Une des instructions les plus précises qu'il lui donna fut de réunir au plus tôt les archevêques et les évêques du pays, de les consulter sur la situation et de s'inspirer de leurs conseils. Le souci de l'affaire leur incombait en majeure partie à partir de ce moment. Ainsi Raymond VI n'eut plus à compter uniquement avec l'évêque de Toulouse ou tout autre évêque plus ou moins influent, mais encore avec l'épiscopat tout entier de ses terres.

Réunis une première fois à Montélimar, les évêques émirent cet avis unanime que la réconciliation avec l'Eglise ne pouvait être refusée au Comte qui la sollicitait, mais qu'elle ne devait lui être accordée que conditionnellement, sur caution sûre et considérable : son refus ou sa négligence à accomplir, dans la suite, les promesses stipulées, jusqu'à la dernière, lui ferait perdre le bénéfice de la réconciliation. La cérémonie eut lieu à Saint-Gilles même, en présence d'un grand concours de peuple. Dès lors la Croisade perdait sa raison d'être : jusqu'à preuve du contraire, on devait croire à la parole du Comte ; ou plutôt la Croisade devenait conditionnelle, comme la ré-

______

(1) *La Chason* V... 235-245.

conciliation. Elle ne cessa pas néanmoins d'être prêchée dans le Nord, parce que plusieurs n'avaient aucune confiance dans Raymond VI.

L'archevêque d'Auch triomphait donc. Foulques cependant ne rendit pas du même coup son estime au meurtrier présumé du légat, mais il augura grand bien du savoir-faire de Milon, qui dans le court espace de trois mois, avait obtenu un résultat si magnifique. Malheureusement, un événement d'une excessive gravité réveilla tout à coup ses anciennes craintes, et rendit la Croisade inévitable.

Carcassonne, fière de son passé, de sa position stratégique et de l'enceinte de ses admirables remparts, nourrissait un feu secret de rivalité contre Toulouse. Un jeune homme aux passions bouillantes et à l'ambition sans mesure commandait cette capitale militaire. Raymond-Roger crut le moment venu d'ouvrir libre carrière à ses rêves. Des flatteurs intéressés excitaient ses désirs, lui dépeignant l'anarchie qui régnait autour du Comte, et ne cessaient de jeter du feu dans cet incendie : depuis la cérémonie de Saint-Gilles, son oncle passait pour être un homme sans caractère, dont la faiblesse allait, par une inexplicable trahison, livrer la terre aux Français. Chacun s'indignait et sollicitait la faveur de se battre. De ces considérations et d'autres semblables à une prise d'armes, il n'y a qu'un pas : quand on est jeune, c'est-à-dire imprudent et irréfléchi, on le franchit sans scrupule. Si d'ailleurs Raymond-Roger eût hésité à la pensée que l'Eglise ordonnait la Croisade, les libertins, les hérétiques, les ennemis de Rome qui l'entouraient, auraient rassuré sa conscience de catholique. Mais leurs conseils à cette heure étaient superflus. A Aubenas, il avait reproché amèrement au Comte sa politique de soumission à l'Eglise ; il avait brisé avec lui ; il s'était mis à la tête, non du parti de l'indépendance nationale qui n'était point menacée, mais en réalité de la révolte envers le Saint-Siège.

On sait quel terrible coup de tonnerre frappa la vicomté. Tous les malheurs l'accablèrent à la fois : le massacre et l'incendie à Béziers, la capitulation à Carcassonne, l'emprisonnement d'abord et puis la mort du vicomte, enfin la domination étrangère.

Le clergé, à l'exemple de l'évêque de Carcassonne, n'avait pu d'aucune sorte s'associer à la politique de Raymond-Roger : autrement, il eût été dupe. Il ne put pas davantage empêcher le vainqueur d'occuper le pays et de s'y fortifier : c'était en dehors de sa compétence et au-dessus de ses moyens. Il visait à mieux et plus haut, à conserver le dépôt de la foi et à relever les mœurs. Guillaume de Puylaurens nous en donne à plusieurs reprises le témoignage exprès; et Guillaume de Tudèle assure que l'évêque de Toulouse et le légat s'employèrent de tout leur pouvoir à combattre par la prédication l'hérésie (1), et l'usure qui en était la suite obligée (2). En accomplissant ce devoir, le premier en dignité, le clergé travaillait à l'affermissement de la patrie.

Les esprits éclairés reconnaissaient effectivement que le danger véritable pour elle venait d'un autre côté que du côté de Rome. Quand on approfondit les causes du mal dont elle souffrait, on ne résiste pas à cette évidence que la patrie méridionale courait follement à une catastrophe. La famille était attaquée dans son principe : l'esprit guerrier, que la poésie tenta, mais en vain, de réveiller (1), était mort : le lien de la patrie se brisait tous les jours davantage, depuis que l'hérésie avait donné à la mère commune les fils bâtards d'une population cosmopolite, depuis que la poésie, par la bouche de Peire Vidal, avait pris fait et cause pour l'Aragon contre Toulouse, depuis que les seigneurs, en trop grand nombre, avaient spontanément fait à Pierre II don de leurs personnes et de leurs biens (2). L'entente et la confiance avaient disparu : beaucoup cherchaient au dehors un appui pour ne pas tout perdre dans cet effondrement des forces sociales : quelques-uns bri-

(1) V. 1026-1034. — (2) G. de Podiol. cap. XVI.
(3) Raynouard *Lexique romain*, I, 512. — *Parnasse occitanien*, p. 392, 271 — *Choix*, v. 373.
(4) Comme Raymond de Termes et Aimeric de Montréal.

guaient même de tout gagner, à l'exemple de Bermon d'Anduze, qui revendiquait auprès du pape la succession du comte de Toulouse, son beau-père (1), et se joignait aux Croisés. Servir la religion n'était plus un honneur : rares les jeunes hommes nobles qui se destinaient au service des autels. Les puissants et les riches refusaient à Dieu leurs fils : ils se contentaient de lui donner les fils de leurs gens, qui leur facilitaient la levée des dîmes des églises. Si encore ils eussent écouté ces prêtres à la vocation douteuse ! Mais quand on aime tout mieux, même être juif que prêtre, on ne respecte plus le sacerdoce. Les clercs n'osaient plus paraître en public, ou bien s'ils y paraissaient, ils cachaient les signes honorables de leur profession sacrée (2). Il n'est pas étonnant qu'un tel clergé, dans un tel milieu, fut ici et là, inférieur à ses devoirs, et qu'il ait mérité le reproche d'avoir amené ou hâté la fin.

Quant à Raymond VI, il oublia vite ses promesses : depuis quatre ans, il n'avait pas encore trouvé le moment de se laver de la double présomption de soutenir l'hérésie et d'avoir tramé l'assassinat du légat, au sujet duquel Guillaume de Puylaurens, le chapelain de son fils, disait : « Quand des juges et des princes tolèrent de tels forfaits, ils doivent être renversés » (3). Pourtant, il avait tout intérêt à s'expliquer au plus tôt; son refus ou son indifférence ne l'accusaient que trop et aggravaient la situation déjà bien alarmante. La comparaison faite nécessairement par l'opinion entre lui et le vainqueur de Carcassonne n'était pas toujours en sa faveur : beaucoup avaient à se plaindre de ses tracasseries, qui se louaient au contraire des égards et des générosités de Simon de Montfort et de ses compagnons (4). Pour toutes ces raisons, quand Pierre II adressa, au nom du Comte de Toulouse, du Comte de Foix, du Comte de Conserans et de Gaston de Béarn, une supplique

---

(1) Innoc. PP. III. Lib. xii, Ep. ccxxii.
(2) G. de Podiol. Prœmium. -- (3) Cap. ix.
(4) Molinier, *Catalogue des Actes* de S. de Mont. Nᵒˢ 40, 43, 45, 46, 59, 73, 47, 68, 50, 56, 57, 65, 66, 67, 72, 80, 89, 96, 97, 98, 108, 48, 52, 53, 76, 58, 69, 84, 83.

pressante au concile de Lavaur, les évêques n'eurent et ne pouvaient avoir qu'une réponse, que la complicité des barons avec l'hérésie était évidente et que le Comte de Toulouse particulièrement s'était rendu indigne de toute grâce, et même de tout ménagement (1). Mais loin d'imiter les capitouls de Toulouse qui, dirigeant tout à l'encontre du Comte (2), appelaient en secret Pierre II, ils tentèrent d'arrêter le roi dans ses projets d'agrandissement; ils en écrivirent même au Pape qui s'associa à leur démarche. Ainsi ils ne manquèrent pas à leur devoir envers la patrie : si en 1212, la pensée première de Foulques et de Navarre prévalut, c'est que malheureusement les faits avaient dessillé les yeux. Le mal s'était introduit et s'accroissait tous les jours par la négligence coupable du Comte (3); et ce mal, l'Eglise en souffrait trop pour qu'il pût être encore toléré.

Après tout, si Raymond VI méritait leur confiance, l'intérêt des évêques les engageait à soutenir la seule autorité établie; nous savons qu'ils sollicitèrent son appui. Après les événements, il est facile aux esprits superficiels de prétendre que les prélats poursuivirent avec une égale persévérance la défaite de l'hérésie et la réunion du comté à la couronne. Oui, sans doute, les documents contemporains le prouvent surabondamment, les évêques, quelques-uns du moins, mirent une sainte et courageuse audace à poursuivre l'hérésie. Comment leur reprocher d'avoir secondé le St-Siège ? Mais tout en agissant avec résolution, ils attendirent de la Providence le dernier mot sur les destinées politiques du comté. Rien ne fut moins calculé, de 1208 à 1212, que la chute de Raymond VI; rien ne fut moins combiné, de 1208 à 1216, que la dépossession de Toulouse de son titre de capitale. Le vaincu lui-même les mit dans la nécessité de l'abandonner et de le combattre.

Est-ce à dire qu'ils passèrent totalement au vainqueur ?

(1) Pet. Vall. Cern. cap. LXVI.

(2) Léon Clos. *Recherches sur le régime municipal dans le midi de la France, au moyen âge*, Paris, 1853, pp. 123, 124.

(3) G. de Podiol. cap. II, cap. VI.

Je ne parle pas des prélats du Nord qui prirent la croix :
ceux-là vinrent dans nos contrées au même titre que les
barons. Je n'ai en vue que les évêques des diocèses enva-
his, et le clergé de ces mêmes diocèses. En général, le
clergé fut partisan de la Croisade. Quelques-uns, con-
vaincus, dès l'origine, que Simon de Montfort n'était que
le champion de Dieu, lui demandèrent protection contre
les envahisseurs de leurs droits : ainsi fit l'abbé de Saint-
Antonin de Frézelas (1) : placé entre le Comte de Foix
et le Comte de Toulouse, il avait bien le droit de chercher auprès du chef des Croisés, une sûreté certaine
pour lui et pour les moines de son monastère. D'autres
ne se refusèrent pas à entretenir même avec lui des rela-
tions, comme l'abbé de Pamiers. Cependant la rencontre
de celui-ci avec Simon de Montfort à Bolbonne, l'avant-veille
de la bataille de Muret, ses avis, ses craintes, la communica-
tion que le chef des Croisés lui fit d'une lettre de Pierre II,
ne supposent pas des rapports intimes : l'abbé ne parle qu'au
général, et le général qu'à l'homme d'église (2). La plupart
des membres du clergé ne cherchèrent, d'une part, qu'à
apaiser le vainqueur ; d'autre part, qu'à éclairer les hérétiques et même les catholiques illusionnés. L'évêque de
Béziers alla au devant des Croisés (3) : pourquoi ? pour
s'entremettre et supplier. Une dernière fois, du haut de la
chaire de sa cathédrale, il tente de faire revenir la population de son affollement, il n'est écouté que de quelques-
uns : revenu au camp des Croisés, il intercède encore pour
les fidèles. Il est vrai que la ville est prise d'assaut : elle est
livrée au pillage, à l'incendie et au carnage : les légats
avouent de dix-huit à vingt mille morts ; mais l'histoire
atteste que ces malheurs fondent sur la ville, au moment
où les chefs des Croisés concertent la délivrance de ceux
qui méritent d'échapper aux horreurs du siège (4), et
l'inavouable parole, attribuée au légat, au moment de

(1) Molinier. *Catologue* n° 3o.
(2) G. de Podiol. cap. xxi.
(3) *La Chanson*, v. 38o-3go. — Pet. Vall. Cern. cap. xv.
(4) Innoc. PP. III. Lib. xii, cap. cviii.

l'assaut : « Tuez-les tous; Dieu reconnaîtra les siens », est une parole apocryphe, dont nul n'ose plus désormais soutenir l'authenticité.

Rien ne prouve davantage l'authenticité du sermon dont Pierre de Vaux-Cernay a prétendu donner un passage et dans lequel Bérenger, évêque de Carcassonne, aurait appelé la vengeance du ciel sur la ville (1). Cet historien, ardent à la répression de l'hérésie, n'était pas présent au sermon de l'évêque, et celui-ci était mort à l'époque où Pierre de Vaux-Cernay écrivait. Il faut voir plutôt dans cette page sombre de son histoire, un des mille échos de l'opinion, alors fort répandue même parmi les habitants du comté (2), que les Croisés servirent d'instrument à la juste vengeance de Dieu. Étant admis que cette opinion fut celle de la plupart, la conduite de ceux des évêques qui préconisaient la politique d'action s'explique, et celle de ceux qui modérèrent un vainqueur toujours prêt à frapper ne nous apparaît que plus digne. A Muret, notamment, la veille de cette fameuse bataille où le sang de l'armée vasco-aragonaise coula à flots, au point que les eaux de la Garonne en furent rougies, les sept évêques présents et S. Dominique montrèrent un incontestable esprit de prudence et de charité : pieds nus, ils se transportèrent au camp du roi d'Aragon, pour obtenir un sursis : repoussés avec dédain, le lendemain, avant l'aube, ils firent une seconde démarche. N'obtenant rien du côté du roi, ils refusèrent à Simon de Montfort, pressé de combattre, la permission d'entrer en bataille : les arbalètes des vasco-aragonais, en les menaçant eux-mêmes, leur arrachèrent seules l'ordre sollicité.

A Muret, comme évêques ils résistèrent à Simon de Montfort; ailleurs, ils se soumirent à lui comme comtes et seigneurs. Faut-il le leur reprocher? D'abord, ils mirent à se soumettre moins d'empressement que les seigneurs laïques: et quand ils se résolurent à ce sacrifice patriotique, ce fut

---

(1) Archidiacre d'abord et neveu d'Othon, qui avait occupé, 25 ans, le siége épiscopal; il n'avait trouvé auprès des habitants qu'ingratitude : ils l'avaient chassé de la ville. *Chronic. hist. eccles. Carcas.* De Vic. p. 80.

(2) G. de Podiol. cap.

pour de très honorables motifs: éloigner de leurs terres les horreurs de la lutte, — et ils réussirent souvent, — ne pas se fermer l'avenir en ménageant le vainqueur, soutenu par la cour pontificale. Ainsi firent l'évêque d'Albi, Guillaume-Pierre, « de sainte mémoire » (1), l'évêque de Cahors (2), Guillaume de Cardaillac (3), l'évêque d'Agen (4), Arnaud de Rovinian (5). Ne leur reprochons pas cette déférence: c'était de la sagesse. Tous reconnurent avec le Saint-Siège la nécessité d'une restauration religieuse; seulement quelques-uns auraient voulu l'action prompte qui eût, dès l'origine de la lutte, brisé tout obstacle, tandis que d'autres attendirent les premiers résultats pour prendre une décision ; la grande majorité dans le clergé ne voulut que favoriser les intérêts de la conscience, avec un réel désintéressement.

Je parle de désintéressement : or, des esprits prompts à blâmer ont reproché au clergé d'avoir manqué de désintéressement, en alléguant un fait que je dois expliquer. Trois des personnages les plus actifs du côté des Croisés, le légat Arnaud, l'auditeur Thédise, le moine Gui, obtinrent, chacun, un siège épiscopal ; les esprits dont je parle ont vu dans ce fait la preuve que de bonne heure on avait fait briller à leurs yeux les honneurs de l'épiscopat, pour exciter leur zèle ; ou que tout au moins, ils surent habilement saisir l'occasion, Arnaud, d'obtenir l'archevêché de Narbonne, le français Gui de prendre l'évêché de Carcassonne, et l'italien Thédise de se mener lui-même jusque sur le riche siège d'Agde.

Le blâme porte ainsi sur deux points : ces évêques furent étrangers au pays et trop amis de leurs avantages personnels.

Nous remarquerons d'abord que l'Eglise, à aucune époque de l'histoire, ne s'est imposé la règle de n'élever à l'épiscopat que des prêtres appartenant au diocèse ou même à la région des diocèses à pourvoir. Ainsi, à l'époque

(1) G. de Podiol, cap. III. — Pet. Vall. Cern. cap. XXV.
(2) Pet. Vall. Cern. — (3) *Gall. Christ*, I, 131.
(4) Pet. Vall. Cern. cap. LXIII. — (5) *Gall. Christ*, II, 914.

même dont nous parlons et sans sortir du comté de Toulouse, Foulques de Marseille occupait le siège épiscopal de Toulouse, Navarre d'Aix celui de Conserans ; Pierre Pulverel, de Paris, était le prédécesseur immédiat de Thédise, à Agde (1). Mais nous n'oublierons pas ensuite que, de 1209 à 1216, quinze autres élections d'évêques se produisirent : les élus appartenaient tous au Comté : l'un d'eux même, Bernard de Rochefort, était d'une famille dont presque tous les membres étaient hérétiques : ainsi sa mère et ses deux frères dont l'un avait une haute charge dans l'église néo-dualiste et dont l'autre se battit contre Simon de Montfort.

Quel fut donc le motif des trois élections qu'on prétend blâmer ? Un seul : l'honneur de l'Eglise auquel est corrélatif le mérite des personnes. Les lettres d'Innocent III témoignent de ses efforts pour renouveler le clergé du Midi. Depuis trente ans surtout, le Saint-Siège avait dû veiller et quelquefois même user du pouvoir de délier. Quelques-uns avaient oublié que le zèle et la vigilance sont au premier rang des devoirs de l'évêque. « J'ai jugé utile, disait G. de Puylaurens, de retracer dans ce récit ce que j'ai vu moi-même ou ce que j'ai appris du témoignage d'autrui, afin que, d'après ces faits, nobles, bourgeois et petites gens, puissent comprendre quels furent les jugements de Dieu, lorsque pour les péchés de son peuple, il résolut de châtier ces contrées infortunées. Quoique j'aie dit : « pour les péchés de son peuple, » je ne veux pas absoudre de leur négligence les prélats et les seigneurs. Je veux qu'à l'avenir ils ne souffrent pas que le bon grain semé dans une terre cultivée avec tant de peines et de si grands frais, et arrosé de tant de sang humain, soit infecté d'ivraie par l'ennemi de l'humanité.... Ils dormaient autrefois ceux qui auraient dû veiller ; et l'antique tentateur introduisit pendant leur sommeil, dans notre malheureuse patrie, des hommes de perdition » (2).

---

(1) Gall. Christ. vi, 680.
(2) *Præmium*. Cf. Cap. vi.

Dans un tel état des diocèses, il était nécessaire de mettre à leur tête des hommes d'expérience, de sagesse et de grande foi. La préoccupation de cette nécessité urgente, l'historien la devine dans la plupart des élections épiscopales d'alors. Il en a pour indice la démarche des Chapitres de Béziers, de Comminges et de Conserans, qui successivement supplièrent S. Dominique d'accepter la charge redoutable (1); il en a pour preuve les choix mêmes d'Arnaud, de Gui, de Thédise, qu'on lui oppose : car l'histoire ne dit pas que les Chapitres de Narbonne, de Carcassonne et d'Agde se soient trompés.

Ainsi, pour conclure, à considérer ces sept années (1209-1216) qui furent les plus sanglantes de nos luttes religieuses au XIIIe siècle, il est permis de penser que les évêques, sauf de rares exceptions, se montrèrent tels que le réclamait une situation particulièrement difficile, pour Raymond VI et pour Simon de Montfort, pour les catholiques, leurs diocésains et pour les Croisés. Ils s'élevèrent au-dessus des hésitations des uns et des passions guerrières des autres ; ils déchirèrent aussi ce voile d'hypocrisie derrière lequel l'hérésie dissimulait des manœuvres habiles ; et par leur concours la vraie foi fut restaurée.

C'est de ce travail de résurrection que trois ordres religieux sortirent : l'ordre des Frères Prêcheurs, né à Toulouse sous le souffle de S. Dominique, l'ordre de la Merci, que S. Pierre Nolasque, un fils de paysan du Mas-de-Saintes-Puelles, fonda pour le rachat des captifs, et l'ordre de la Foi ou de la Paix, dont les chevaliers membres faisaient les vœux solennels, qui commença à Auch, et fut approuvé par Honorius III et Grégoire IX (2).

Le clergé fut en peu de temps renouvelé, et se prêta de très bonne grâce à sa propre réforme. A la tête des diocèses brilla une longue succession de saints Pontifes. A Toulouse, Raymond de Felgar fut un personnage austère. Bertrand de l'Ille-Jourdain dota sa cathédrale de

(1) Quétif et Echard. T. I, p. 8. Col. 2. Note.
(2) Montlezun, *Histoire de la Gascogne.* T. II, p. 307.

douze chapelains et d'un autel d'argent, toute la province d'ornements et de vases sacrés, les pauvres de sommes magnifiques, et par son influence rendit universel dans le comté le culte envers l'Immaculée Conception de la Vierge Marie. Le jeune S. Louis, un ange de la maison de Sicile, renonça à la couronne pour la bure franciscaine, et ses vertus épiscopales furent célébrées par S. Antonin de Florence, et récompensées par le don des miracles.

A Albi, Bernard de Castanet conçut et réalisa ce chef-d'œuvre de foi et d'architecture, Sainte-Cécile : il fut honoré de la pourpre romaine.

A Auch, Amanieu de Grisinhac, *vir egregius atque pius*, se vit entouré de la vénération générale. Pris, en Italie, par les émissaires de Frédéric II, il fut jeté dans « un noir cachot où il mourut épuisé de faim, de misère et de tortures(1) », victime de son zèle à se rendre au Concile général.

Enfin, pour me borner à quelques noms, l'archevêque de Narbonne, Gui Fulcodi, avait mérité d'être, à la cour de France, l'ami particulier de notre roi S. Louis ; il mérita mieux encore : il fut élevé sur le siège pontifical où il prit le nom de Clément IV.

Tels furent quelques-uns des premiers fruits de la restauration religieuse du Midi au XIII° siècle. Je serais ingrat d'oublier que la première université de Toulouse, l'honneur du Midi pendant cinq siècles, dut sa fondation à l'élan religieux qui suivit la Croisade.

Malheureusement, après le Concile de Latran, en 1216, on ne comprit guère le véritable état des choses. Le patriotisme blessé tenta de prendre sa revanche, avec le soulèvement qui éclata sur les bords du Rhône, et qui ramena les horreurs de la guerre. L'œuvre de la restauration fut retardée de quinze ans. La conduite de l'Eglise, pendant cette seconde période de la guerre, a été également mal interprétée par quelques-uns : nous espérons pouvoir un jour rétablir la vérité.

_____

(1) Montlezun, *Hist. de la Gasco.*, t. II, p. 314.

www.ingramcontent.com/pod-product-compliance
Ingram Content Group UK Ltd.
Pitfield, Milton Keynes, MK11 3LW, UK
UKHW022323120726
13694UKWH00004B/1511

9 782019 214081